小山薫堂

考えないヒント

アイデアはこうして生まれる

GS
幻冬舎新書
007

はじめに

僕は毎朝、体重計に三回乗ります。ベッドから出て顔も洗わず、真っ先に計測。トイレで用をたしたあとに二回目の計測。お風呂に浸《つ》かり、汗をかいたあとに三回目の計測。そうすると、測るたびに体重が確実に減っているのです。たかだか数百グラムの減少なのですが、ダイエット中の自分にとってはそれがたまらなく心地よい。

通販でも随分といろいろなダイエット関連商品を買いました。けれども、成功した試しがありません。モノを買うことは「ダイエットするぞ！」という動機づけにはなるけれど、結局最後は自分の力で痩《や》せるしかないんですよね。

そういう点では、この本もまったく同じです。この本を買ったからといって、すぐに使えるアイデアを手にしたと思ったら大間違い！　しかし、たぶんきっと……あなたの日常を何かしら変える、発想のヒントを差し上げられると思っています。

最良のアイデアは、それぞれの中に眠っています。

とはいえ、アイデアというものは、考えたから浮かぶとは限りません。どんなに考えても、思いつかないものは、思いつかない。重要なのは、考えるテクニックではなく、自分の体をアイデア体質に変える、ということなのです。

だから、考えるヒントではなく、「考えないヒント」。それがどういうものかを、これからお話ししましょう。

考えないヒント／目次

はじめに 3

第1章 考えるけれど、考えない 13

「何か面白いことないかな」 14
アイデアは呼吸をするように 15
努力からひらめきは生まれない 17
「勝手にテコ入れ」トレーニング 19
すべては必然に向かった偶然 20
僕の人生を変えた二人 23
自分の選ぶ道は最善の道 26
僕がホテルのアドバイザーになったわけ 27
コンシェルジュはいらない 30
笠智衆さんに書いてもらった名刺 33
名刺を変えると何が変わるか 34
誰でも参加できる経営会議 37
お金をかけずに広告する 41
関わったみんながハッピーに 42

「百年ライスカレー」誕生秘話 44
旅行者の気分で日常を見直す 47

第2章 アイデアは化学反応 51

一つのことだけやっていてもダメ 52
毎朝ワクワクして目が覚める 53
やりたい仕事だけをやれる環境 55
締切は破ってもいい 57
「もうできない」ではなく「もうすぐできる」 59
煮詰まったときのお稲荷さん詣で 60
「アイデアの種」をポケットに 63
ブログの種はこんなふうに育てた 67
僕の事務所はサプライズがいっぱい 69
まず身近な人間を喜ばせてみる 71
忙しい中で遊ぶからこそ楽しい 74
周りのリアクションが一番の栄養 75
発想の原点は誕生日プレゼント 77

三千万円を運ばせたオヤジの教育 78

第3章　アイデアの種はここにある 81

「当たり前」をリセットする 82
「ちょっとしたリスク」の隠し味 84
最後は「面白いかどうか」で決まる 85
百のプランより、ベストの一行 86
職人技の腕時計に一目ぼれ 90
目指すものがすべて詰まったオルゴール 93
使うたびに感動する箸 95
一つの壁を七回塗る男 97
同じことをやり続ける人へのリスペクト 98
新しい仕事を始める三つの条件 101
「視聴率八パーセント」の幸せ 102
日本一仕事を楽しんでいるタクシー運転手 105
バー「ZORRO」のオーナーに 108
「偶然の連鎖」でビストロも 112

面白い人は面白い人を連れてくる 114
テレビは欲望の塊 115
満たされてしまうと、ひらめかない 116
性に合わなかったスローライフ 118

第4章 偶然力を鍛えよう 121

失敗を悔やまない、失敗に見せない 122
生き残れるのはブレない人 124
マーケティングより皮膚感覚 126
「覚える力」より「忘れる力」 128
「メディア」としての六本木ヒルズ 130
新会社の名前は「オレンジ」 131
東京タワー二階の「カレーラボ」 133
「場所」はこうして「メディア」になる 135
やっぱり「看板」は大事 137
人生最高のチップを払う 138
観る、話す、そして「信じる」 140

偶然力で決断も早くなる 143
すべては未来への貯金 144
自腹を切ってでも自己PRを 146

第5章 アイデア体質のつくり方 149

自分の軸を見失わないための銭湯通い 150
単純な繰り返しから生まれる感動 152
深夜二時の絶品ピザ 154
大沢食堂の極辛カレー 158
眠っているシナプスに水をやる 162
書斎は狭いほどいい 164
努力は人が寝ているうちに 166
神様にフェイントをかける 168
二十六歳でポルシェを買う 170
夢は金を出してでも買え 172
京都観光がワインの金平糖に 173
金平糖が化粧品会社のCMに 176

アイデアのキャッチ・アンド・リリース 178
アイデアを話してもらえる人になる 180
全部を自分で考えなくても 182
最終地点が見えているか 184
プライオリティは常に入れ替わる 185
名刺を渡しただけでは何にもならない 188
相手の記憶に残る贈り物とは 190
一年に一つ、人生の足跡を 191
すべてのことで「自分ならこうする」 192
どこに行ってもライバルだらけ 194

おわりに 197

本文写真　花井智子
小山薫堂

第1章 考えるけれど、考えない

「何か面白いことないかな」

ふと気がつくと

「何か面白いことないかな」

とつぶやいています。

「何かないかな、何か面白いことないかな」

というのが、僕の口ぐせです。

面白いことというのは、なんだっていいんです。

みんなと遊ぶことでも、個人的な楽しみでも、車で移動するときのことでも、もちろん仕事のことでも、なんでもいい。

「何か儲かることないかな」じゃダメなんですね。

ビジネスに結びつけようとか、自分が得になることをしたいと思っていると、いいアイデアは出てきません。

だから、「何か面白いことないかな」なんです。

「これ仕事にならないかな」という発想だと、すぐ考えるのが嫌になってしまいます。でも、面白いことを探すんだったら、いくらでも考えていられる。

僕は、眠っているとき以外、ずっと面白いアイデアについて考えています。普段それを意識することはほとんどないから、考えてはいるんだけれど、考えていないとも言える。

だって呼吸するときって、「いま、息を吸おう」とか、「ここで吐こう」とか、「自分はいま呼吸してるな」とは思わないですよね。

そうやって呼吸するように、いつも何か考えている。考えることがあるのが、とてもうれしいんです。

アイデアは呼吸をするように

お風呂に入っている間も、ずっと何か考えています。

たとえば、架空のCMをよく考えます。頼まれてもいないのに、勝手に(笑)。

最近ひらめいたのは、ナイキのCM。

ナイキのウェアを着て、ニューヨークの街をメッセンジャーが自転車で走っている。それが赤信号でキキーッと止まる。

ふと横を見ると自分と同じ年ぐらいのヤツが、ベンツのオープンか何かに乗って、若いお姉ちゃんを隣に乗せている。向こうはきらびやかなブランドものの服を着ている。

ソイツと一瞬目が合って、軽蔑されるような視線を浴びて、ナイキを着た青年は、「コイツ、やだな」と思う。

道路は渋滞しているんですが、ナイキ君は頑張って、信号が青になったら、ベンツ野郎の先をダーッと行くんですよ。ザマミロと思ってたら、渋滞はすぐなくなって、ベンツにビューンと追い抜かれて、ついでにちょっと幅寄せか何かされて、ナイキ君は非常に寂しい思いをするんですね。

そこで場面が転換。翌日、ナイキ君は海に行きます。そこでまた例の男と出会う。ビーチだから、二人とも裸です。

ナイキ君は滅茶苦茶かっこいい、筋肉のついた体をしているのに、ベンツ野郎はぶよぶよのカッコ悪い体をしている。

そこでナイキのスイムウェアのロゴと、「WINNER：BODY」みたいなコピーが出る。……というCMを思いつきました。

一銭にもならないことに頭を使うのは損だ、とは思わないですね。だって考えることは楽しい。考えるのはタダだし、いつでもどこでもできますし。

僕にとってアイデアを考えるのは、ほんとうに、息をするのと一緒なんです。

努力からひらめきは生まれない

もちろん、壁にぶつかることはあります。

締切が迫った宿題をたくさん抱えているなかで、一つのことに行き詰まってしまうと、ほかのことを考えようとしても、なかなかうまくいかない。たった一個のアイデアに引っ掛かってしまうと、ほかも全部、煮詰まってしまう。

僕は「ちょっとこれはおいといて、ほかのことをやろう」というふうには、なかなか切り替えられない。ですから一つ遅れると、どんどん玉突き状態で遅れていってしまうわけです。

でも、アイデアが煮詰まること自体は、そんなにストレスにはならない。「もう自分はだめだ」「オレは才能がない」と思ったりはしないんですね。

そういうときは、無理やり何かをひねり出そうと考えるんじゃなくて、

「早く降りてきて、早く降りてきて」

と念じます。

「どうせ何か思いつくんだから、早く思いつかないかなあ」

という感じかもしれない。いいアイデアは、もうすでにどこかにあるんです。ただそれがまだ自分のところに降りてこないだけ。

だから「まだですか、まだですか」と催促されて、「思いつかないんですよねえ、まだ」なんて言って締切を待ってもらっていると、「人ごとみたいに言わないでください」と言われてしまう。

それは確かにそうなんですが、アイデアは、努力したからといってひらめくものではない。アイデアを仕上げることと、アイデアを出すことは違うんです。

ひらめいたアイデアを、作品なり商品なりに仕上げるときは、努力によって、どんどんよくなる。でもおおもとのひらめきのところは、十時間、席につきっぱなしで考えたからといっていいアイデアを思いつくわけではない。

もし努力によっていいアイデアを生み出す方法があるとすれば、それは、日々の暮らしのなかで、いかにアイデアの種を拾えるようにするか、そういう環境を整えるかということしかない。

アイデアは頭からではなく、体から生まれる。アイデアを生み出しやすい体のことを、僕は「アイデア体質」と呼んでいますが、もしいいアイデアをたくさん出せるようになりたいなら、体質をアイデア体質に変えるしかない。それが一番の努力ではないかと思います。

「勝手にテコ入れ」トレーニング

アイデア体質をつくるために効果的なトレーニングの一つが、僕が「勝手にテコ入れ」と名付けている習慣です。日々、目に入るあらゆるものに、勝手にテコ入れする。

テコ入れするのはなんでもいいんです。

たとえばレストランに行ってメニューを見たとき。自分だったらこんなメニューは出さないのにとか、こんな書き方はしないのにとか考える。そして、その店にぴったりの、いいメニューを考えて、お客さんへの紹介の仕方や、雑誌への売り込みの仕方まで考える。

まあ、大きなお世話なんですが。

さきほどのナイキのCMもそうですが、僕はそういうことを考えるのが習慣になっています。だから、初めての場所でトイレに行っても、手を洗いながら、蛇口はここよりもあっち側につけたほうが便利じゃないかなと、反射的に改善策を練ってしまう。自分だったら、鏡はここにつけないで、あっちに配置するのになとか。誰からも頼まれてないんですけどね（笑）。

「ここをこうやったらもっとよくなるのに」と感じることは、何かを発想したり思いついたりするのに、一番いいモチベーションになるんです。

だから、インタビューを受けていても、「僕だったらこういう話の展開にはもって行かないな」なんて、頭のどこかで考えている。写真を撮られるときも、「僕ならこんなアングルじゃ撮らないんだけど」。それを口に出すと、間違いなく嫌われるので、人には言いませんが。

でも、ありとあらゆる仕事について、どうすればもっとよくなるか、考えて「テコ入れ」しているんです。

「勝手にテコ入れ」習慣、アイデア体質をつくる一番のトレーニングです。

すべては必然に向かった偶然

アイデア体質になるのに、もう一つ大切なのは、「偶然力」をつけることだと思います。

僕は「偶然」という言葉が好きです。「偶然」って、すべては「必然」だと思うからです。

人との出会いとか、きっかけとか、あとになってみると、「この人とは出会うべくして出会ったんだな」とか「自分にとって大事なこの仕事も、きっかけはこんな小さいことだったんだ」と思うことがよくありますよね。

多分、何の意味もない偶然というものは、実はありえない。すべては必然に向かった偶然なんだと思うんです。偶然が偶然を呼び、つながっていく。この「偶然の連鎖」を起こす力が、「偶然力」です。

たとえば中学校とか高校のときの同級生が、そのときはただの友だちにすぎなくて、進路が違ったりして連絡もとりあわなくなってしまったのに、あとで大切な仕事のパートナーになったり、運命的な再会を果たすことってありますよね。

それでいうと、僕が日大芸術学部に入ったきっかけも同級生がくれた偶然でした。

僕は高校時代、一番なりたかったのは詩人だったんです（オハズカシイ）。

中原中也に憧れていて、詩人になろうって思っていたんですけど、詩人じゃ食っていけなさそうだし、困ったなと思っていた。だからと言って、ほかにやりたいこと、なりたいものはなかった。

実は、うちのオヤジからは防衛大学校に行けと言われていたんです。

防衛大学校に行くと入学金と授業料がかからない。その四年分の授業料でお前にソアラを買ってやるって言ったんです、うちのオヤジが。

ソアラというのは、一九八一年にトヨタが売り出した高級スポーツクーペで、当時、最高にカッコいい車でした。僕はソアラに乗りたい一心で、防衛大学校に行こうと決めていました（笑）。高校三年生のときにトヨタの販売店に行ってカタログまでもらい、どのグレードにしようかななんて思いながら、防衛大学校を受けた。

そうしたら落ちてしまった。

国立大学も受けようと思っていて、共通一次試験を受けていたんですが、それもまた成績が悪かった。

それで困ったなと思っていたら、高校でたまたま隣の席に座っていたヒラタアキラというヤツが、

「もう一校、私立を受けたほうがいいんじゃないの」

と言う。

「どっかいい大学ある？」

「オレは将来、映画監督になるから、日大の芸術学部の映画学科というところを受ける」

そして、映画学科の願書は出してしまったからもうないけど、ほかの学科だったら余っているからあげるといって、案内を見せてくれたんです。

それを見たら、美術とか文芸とか写真とならんで、放送学科というのがある。

「放送って何？」

「何かテレビ番組をつくる仕事らしいよ」

テレビを観るのは好きだったので、よし、じゃあこれ受けてみるかといって、二人で日大芸術学部を受験しました。

そうしたら、よくある話ですけど、ヒラタは一次試験で落ちて僕は受かった。

ここで、それからの人生を変えた男、ヒラタは、一旦僕の前から消えていきました。

僕の人生を変えた二人

そして二次試験を受けに行ったとき、面接で、僕の隣に目が覚めるような美女がいた。

「やっぱり東京の子は違うな」と思いました。ササイチエコさんという名前でした。

そこで彼女に、

「受かったらここに来ますか」

と聞いたら、

「私はほかに短大しか受けてないので、来ます」

と言う。だから、

「じゃ僕も受かったら来ます」

と言いました。

それで後日、発表を見に行ったら、自分の番号があった。

次に彼女の番号を探しました。彼女の受験番号をちゃんとチェックしてたんです。そうしたら彼女の番号があった
日大の芸術学部って、ものすごく倍率が高いんです。もともと人気が高い分野なのにくわえて、とる人数が百人ちょっとと、すごく少ないから。

僕らのときの倍率は確か四十三倍ぐらいでした。だから合格発表を見に行く人だけで、学校の前がものすごく渋滞する。これから発表を見る人は道路の右側、もう見た人は左側という人波ができます。

人波に揉《も》まれながら僕が道の左側を歩いていると、向こうの反対側から、不安そうな顔

をした彼女が白いコートを着て歩いてきた。

　僕は心の中で、「君は受かっているんだよ」と言った。ちょっと神様になったような気持ちでした。

　面接で一緒になった二人が四十三倍の競争をくぐり抜けるのは運命だし、合格発表の日に彼女に出会うというのも、運命だと思いました。

　それで、実は京都の私立大学も受かっていたんですが、ササイチエコさんと付き合うんだという一心で、迷わず日大に入学しました。京都の大学も、京都弁を話すステキな女性がいるので受けたんですが（笑）、こうなったらもう京都なんか行っている場合じゃない。

　そうしたら入学後、ササイチエコさんが男と一緒に歩いているのを見てしまった。それで彼女は僕の人生から消えていきました。

　ササイチエコさんと付き合うという夢はかなわなかったけれど、入学してしまった以上は、放送の勉強をするしかない。それで僕はテレビの世界に入ることになり、今にいたっている。

　だから僕の人生を変えた人物を選べというならば、僕はためらうことなく、まずヒラタアキラとササイチエコの二人を挙げます。

自分の選ぶ道は最善の道

僕は常に楽観主義者です。

人生って、選択の連続ですよね。だから迷ったり、何かうまくいかないことがあると、「これでよかったのか」と後悔しがちなんですが、僕は、どんなに失敗しても、どんなに大変なことがあっても、これが最善の道だと思うんです。

防衛大学校に落ちたときも、はじめは「うわーっ、どうしよう」と焦りましたが、すぐに「あ、よかった」と思いました。「ここに行ってたら大変なことになったかも」と気持ちを切り替えることができた。

もし防衛大学校に行っていたら、今の自分はないわけですから、あとからだったら「あのとき落ちたのは正解だった」と、みんな思うと思うんです。でも僕は、あの時点ですでに「絶対に落ちて正解だった」と思っていた。

昔、買ったばかりのアウディを友だちから借りて、一週間目に正面衝突をして車が大破して、ほぼ廃車状態になったことがありました。でもそのときも、ああ申し訳ないことしたと思いながら、「もしここでぶつかっていなかったら、隣の信号で、誰か人をひいてたかもしれない。ここでぶつかってよかったなあ」と思ったんです。

それぐらいいつも、今、自分が選んでいる道の先には最良の未来があるって思うようにしている。

これはうちのオヤジから学んだことです。オヤジは、

「人生はすべていいほうに、いいほうに、向かっているんだよ」

と言うのが口ぐせです。ポジティブ・シンキングなんていう言葉がまだないうちから、オヤジは超ポジティブ・シンキングなんです。

ウチのオヤジはちょっと変わった人間で、教育方針もユニークでした。僕はオヤジからかなり影響を受けています。

僕がホテルのアドバイザーになったわけ

こういう「偶然の連鎖」によって、僕の人生は枝分かれして、たくさんの新しいことを経験してきました。

僕の肩書きは放送作家ですが、ほかにもたくさんの仕事をしています。その一つに、日光金谷ホテルのアドバイザーという仕事があります。

日光金谷ホテルは、明治初期に開業した、日本に現存する最古の西洋式ホテルです。大正時代に日光に御用邸がつくられると、国内外のＶＩＰが多く訪れ、一大社交サロンとなりました。その後、増改築はされましたが、建物には開業したころの趣がたくさん残っています。今も外国のお客さんは多いですし、国内にも古くからの根強いファンがいます。

そんな由緒ある老舗ホテルの顧問をなぜやることになったか。これも、自分の人生を象徴するエピソードだと思います。

最初は一人の客として、ほんとうに偶然泊まりに行ったことから始まりました。

その前にも、大学を卒業したぐらいのときに来たことがあって、ああ、いいホテルだなとは思っていました。

日光金谷ホテルのほかに、中禅寺金谷ホテルというところもあって、そちらにも、当時付き合っていたガールフレンドと泊まったことがあります。当時は建物がかなり老朽化して、歩くたびにミシミシいうようなところでした。

金谷ホテルはそれを四十億円ぐらいかけて建て替えたんですが、バブル期のあと、それが負債となって、ホテルの経営にダメージを与えます。

そこで、ホテルの経営を立て直すには、金谷の血を引く人間がトップに立たなくちゃだめだということになり、創業者・金谷善一郎の曾孫に当たる、金谷槇子さんが社長に就任することになりました。

金谷槇子さん、結婚して井上槇子さんになっていますが、彼女はもともと、自由の森学園という学校の事務局長をやっていた方でした。ホテルは自分の生まれ育った生家ではあるけれども、ホテルビジネスの経験はまったくなかった。

僕の友人が井上さんの自由の森学園時代の知り合いで、彼女が社長になったころ、一回遊びに来てくださいと誘われ、そこに僕も一緒についていくことになりました。

それで行ってみると、建物や調度品などの雰囲気はすごくいいのに、お客さんが車で着いても誰も挨拶に出てこない。建物に入っても、誰もニコリともしない。何かすごくどんよりとした空気がロビーに流れている。

ホテルの中をいろいろ歩いてみると、一番いい場所が使われずに荒れ放題になっている。料理を食べてみると、かなりいい線をいっているのに、それを外にアピールしきれていない。

それで、

「あれはもっとこうしたほうがいいんじゃないですか」

「あの空間はもったいないから何かやったほうがいいですよ」

などと、思ったことを全部、井上さんに言ったんです。それが三、四年前のことです。そうこうしているうちに、井上さんから電話がよくかかってくるようになり、「あれをこうしようと思うんですけどどうでしょうか」と相談されるようになりました。でも僕も忙しいので、あまりそこまで相談に乗れない。そう言ったら、

「それでは、お仕事として引き受けていただけませんか」

と言われて、

「じゃあ、月に一回ぐらいでしたら日光まで行けます」

ということになり、正式に顧問というかたちで契約して、アドバイザーをやるようになりました。

コンシェルジュはいらない

顧問といっても、最初は何をすればいいかわかりませんでした。

僕はホテルの仕事なんかやったことないし、客のプロではあるけれど、ホテルのプロではない。だから「どうしようかな」と思っていたところへ、

「小山さんが顧問になって最初の会議が開かれますから来てください」

と言われました。

それで東武特急の「スペーシア」に乗って日光に着くまでの二時間半、会議で何を話そうかと考えた。

いわば顧問お披露目の会ですから、何か所信表明しなきゃいけません。

それで僕は、自分が今までホテルや旅館に泊まって感動した話をしたんです。日光金谷ホテルの従業員の人たちに、サービスをする喜びに、まず気づいてほしいと思った。

一つはある旅館に行ったときの話です。

僕はそこで原稿を書きたかったのですが、旅館って、普通は低い座卓しかありませんよね。そこで、長時間正座をして書くのはつらいので、「机を部屋に入れてくれませんか」とお願いしたんです。

そうしたら旅館の人は、笑顔で「もちろんです」と言ってくれた。

部屋に行ってみると、畳が傷まないように上に絨毯《じゅうたん》を敷いて、その上に立派なデスクがあって、椅子があって、電気スタンドがちゃんと置いてある。しかも横に広辞苑が置いてあったんですよ。

それを見たときに、「うわ、これだな。サービスってこういうことだよな」と思った。

それから、別のあるホテルに行ったときの話です。

ホテルの部屋で見ようと思って、VHSのビデオテープを持っていったら、そこのホテルの部屋はちょっと古かったので、ビデオデッキがついていなかった。

それで、ああ、残念だなあと思って、ビデオテープを机の横に置いて食事をしに出かけた。そうして帰ってきたら部屋にビデオデッキがあるんです。

びっくりして、すぐフロントに電話しました。

「ビデオデッキが入っているんですけど、これ、どういうことですか」

「申し訳ありません。私は支配人ですけれども、実は、清掃係から電話がありまして、『お部屋の机の上にビデオテープが置いてあるので、おそらくお客様はビデオをご覧になりたいんじゃないかと思います』と。そこで私の責任の下に入れさせたんですが、何か問題がございましたでしょうか」

これも、もう、すばらしいと思いました。

何がすばらしいかというと、直接お客さんに接することのない清掃係の一人ひとりまでが、ホテルマンであることを自覚しているということです。

コンシェルジュは優秀だけれども、清掃係が優秀じゃないというのではだめ。さらに言えば、特別なコンシェルジュという存在は必要なくて、全員がコンシェルジュであればそれでいいんだと思う。最初の会議では、そんな話をしました。

笠智衆さんに書いてもらった名刺

一人ひとりが、このホテルに携わっているスタッフであるという自覚を、もう一回持ち直さないといけない。お客さんが来ても誰も挨拶に来ない、笑顔ひとつつくれないようではダメで、個人の意識をまず変えなきゃいけない。そのためにはどうしたらいいのか。

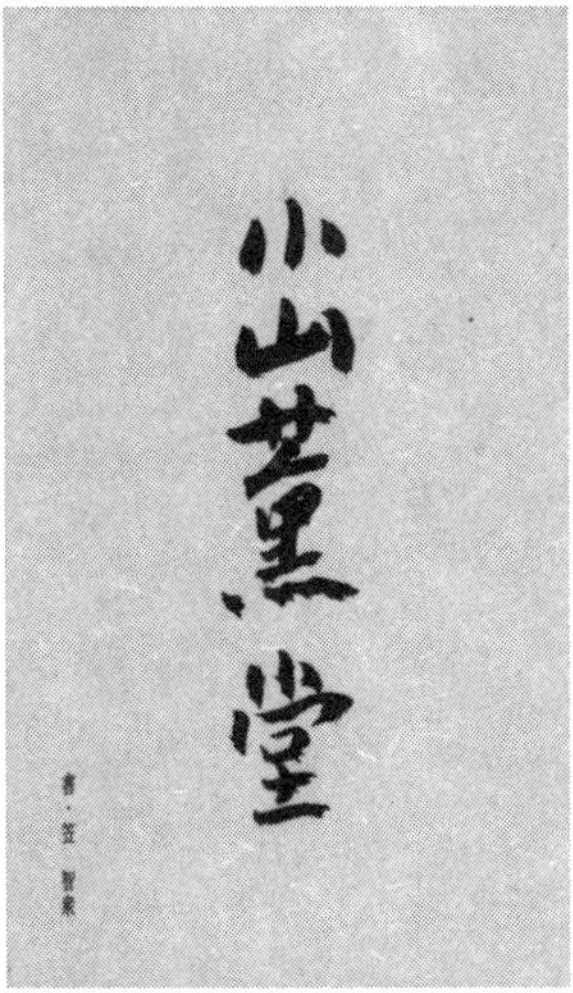

笠智衆さんの書による名刺

そこで考えたのが、名刺を作りかえることでした。

名刺は、僕が仕事をしていくうえで、とても大事にしているものの一つです。

受け取る側の印象はもちろん重要です

が、それ以上に大切なのが、名刺をあげるほうの気持ちだと思うんです。いい名刺を持っていると、胸を張って出したくなる。

実は僕は、二十代のころから笠智衆さんの書による名刺を使っています。

僕はずっと笠さんの大ファンで、名刺が必要になったときには笠さんに書いてもらおうと、大学一年のときから決めていました。

それで、放送作家の仕事をするようになって、番組のオープニングに笠さん自筆のタイトルを使おうと提案して、そのときに一緒に自分の名前も書いてもらった。それを名刺の文字に使わせてもらっています。

今でも、新しい人に名刺をあげるときは誇らしい気持ちですし、笠さんの書に恥じない仕事をしなくちゃいけないという思いもあります。

それで日光金谷ホテルでも、名刺を使った意識改革をやろうと思いついたんです。

名刺を変えると何が変わるか

名刺を作りかえることによって、僕は三つのことを意図していました。

まず新しい名刺によって、ホテルへの愛情を確認することが一つです。そのために、今まで名刺を持ったことのない清掃係の人や売店の人まで、全員に名刺を持ってもらいました。名刺を持つだけで、「自分もスタッフの一員なんだな」という実感がわいてきます。

そして、もう一つ狙っていたのが、新しい名刺をきっかけにして、お客さんと積極的にコミュニケーションをとれるようにすることです。

さらにそれと関連して、顧客を一人でも増やすこと。とりわけ、若いお客さんをとりこむことを考えました。

そこでまず、新しい名刺を作るにあたって、「ホテルの中であなたの一番好きな部分、場所はどこですか」ということを社員全員に考えてもらいました。

普段はそんなことを考えずに働いていますから、あらためて考えると、みんなからいろいろなアイデアが出てくる。歴史の古いホテルなので、明治の面影をそのまま残した建物をあげる人がいるのはもちろんのこと、ほかに、それぞれの持ち場に関係のあるところをあげる人もたくさんいました。

たとえば料理人だったらフライパン、清掃係だったらゴミ箱、清掃係じゃなくてもゴミ箱を選んだ人もいました。自分の好きな部分を考えるというプロセス自体が、ホテルへの愛情の確認になります。

次は、その中から絵になるところを写真にバシバシ撮っていきました。そして最終的には三十カ所ぐらいに絞って、一人ひとり好きな場所を選んでもらい、それをそれぞれの名刺の裏に印刷することにしました。

新しい名刺ができあがったところで、ホテルの中にポスターを貼りました。

「皆さん、ご存じでしょうか。金谷ホテルのスタッフは一人ひとり違う写真のついた名刺を持っています。全部で三十種類。その三十種類を集めると、金谷ホテルの小さな写真集ができあがりますから、どうぞ、スタッフに声をかけて名刺をどんどんもらってください」

そういうメッセージを書いたら、お客さんのほうから、スタッフに声をかけてくれて、コミュニケーションがはかれる。

スタッフのほうからお客さんに話しかけられるようになるのがベストかもしれませんが、そういうスタイルの接客に慣れていないので、恥ずかしがってしまう人も多い。それならお客さんのほうから声をかけてもらえばいいと思ったわけです。

お客さんから、名刺をくださいとリクエストされるようになって、スタッフは、だんだんお客さんにサービスをすることの喜びを知るようになりました。

新しい名刺の一番のファンになったのは子どもたちでした。子どもって、ポケモンカードとかムシキングのように、カードを集めるのが好きですよね。

子どもたちが、ホテル内を探索していろいろな人から名刺をもらうようになると、スタッフもだんだん慣れてきて、「すごくレアな名刺を持っているお兄さんがいるから紹介してあげるね」などと言って、厨房《ちゅうぼう》にいる皿洗いのお兄さんを連れてきたりするようになった。

それで社員の間でもコミュニケーションが盛んになりましたし、何より、そこで楽しい思い出をつくった子どもたちは、将来必ずホテルのサポーターになってくれるはずなんです。

井上槙子さんの名刺の裏側。ホテルのマーク・笹りんどうがついた外灯

誰でも参加できる経営会議

まず名刺を作りかえましょうと提案したら、当然、ホテル側は、「え、何で」という反応でした。でも、こうい

う目的のためにこういうやり方でやるんですと言ったら、納得してもらえた。特に井上さんは、もともと考え方が柔軟な方なので、すぐ予算を組んでやってくれました。

名刺を新しく作るぐらいだったら、予算もそんなにかかりません。

実は、新しい名刺には、もう一つ目的がありました。こういう名刺を作ることで、マスコミから取材される機会が増えるだろうと考えたんです。おかげでいろいろメディアにもとりあげられて、ホテルの宣伝としてもかなり効果的だったと思っています。

広告とか話題づくりって、お金を使わずに効果を上げるやり方がもっといくらでもあるんじゃないかというのが、僕がいつも感じていることです。

それで次にやったのが、日光金谷ホテルのことを、いかにお金をかけずにPRするかということでした。

そのきっかけになったのが、ホテルでの経営会議で出た、ある若いスタッフのアイデアでした。

井上さんはもともと学校教育者でしたので、人の能力を引き出すのがうまい。そこで、普通、僕みたいな顧問を呼んで経営会議をやるといったら上の人間だけを出席させるところを、社員全員を平等に育てたいからといって、会議への参加をオープンにしていました。

「会議はオープン。手の空《あ》いている人、やる気のある人は誰でも来て」ということで、いつも、フロントの人とか、清掃係の人とか、調理場の人とか、いろいろなユニフォームの人が参加しています。

それで自分の部署を代表して意見を言ったり、個人的に感じていることを言ったりするわけです。上が判断しなければいけないことは当然ありますが、現場の問題を解決していくには、それが一番てっとり早い。

会議にいつも出席する一人に、今はもう辞めてしまったんですが、フロントのI君という男の子がいました。僕が会議で、「何か意見ありますか」って聞くと、最初のころはみんな恥ずかしがって、シーンとしてしまうことが多かった。でもI君は手を挙げて、積極的に意見を言ってくれました。

もともと彼は、はじめはアルバイトで来ていて、ダイニングルームで給仕の仕事をしていたのを、井上さんがフロントに回しました。みんなからは「あいつは何にもできないヤツだ」と言われていて、「あんなヤツにフロントなんて大事な仕事が務まるのか」という声もあったそうです。でも井上さんは、「いや、彼は大丈夫だ」って言って強引にフロントに引っぱった。

そのI君が会議で手を挙げて、

「僕、フロントに来て気づいたんですけど、だいたい外国人のお客様は、三泊、四泊の長期の予約をいつも入れられます。でも二日ほどたつと、もう何のレクリエーションもないから、飽きてしまって、途中でキャンセルして帰られる方が多い。何か長期滞在のお客様が飽きないようなことを考えたらいいんじゃないでしょうか」

と言ったんです。

彼の上司のおじさんたちは、「それはお前が考えることだろう」なんて言う。

そうしたら井上さんが、「それに気づかないあんたは黙ってなさい」って一喝したりして、何かドラマのようなシーンもありました。

そのI君が、何回目かの会議で、

「あの、薫堂ルームというのをつくったらどうでしょうか」

とポツリと言ったんです。

僕の雑誌の取材記事とか連載エッセイなんかをいろいろ見て、考えてくれたんでしょう。

「薫堂さんは好きなものがいっぱいあるから、薫堂さんの好きなものをかたちにした部屋があったら、泊まってみたいと思うんです」

お金をかけずに広告する

僕はそれを聞いて、「このアイデアはありだな」と思った。

なぜかというと、彼のアイデアがヒントになって、その部屋をメディアとして使えるとひらめいたからです。僕の理想の部屋をつくるだけだったら広がりはないけれど、この部屋をメディアとして考えればいろいろな可能性が広がる。

そこでコンセプトにしたのが、「ホテル・イン・ホテル」、すなわちホテルの中にもう一つホテルをつくる、ということでした。僕が理想とする究極のホテルが実現するまでを、雑誌で連載する。それで、日光金谷ホテルのPRをしようと考えたんです。

そのころ金谷ホテルは、新聞に広告を出していました。

新聞の栃木県版の、一段か二段ぐらいの横長のスペースに、「秋の宿泊プラン始まりました」とか、「一泊二食付きでいくら」というのを年に四、五回ぐらい。この広告料金がだいたい一回、五十万円前後なので、ホテルの年間宣伝費は、年間二百四十万円から三百万円ぐらいだったそうです。

ふつうの雑誌だったら、二ページの見開き広告を一回か二回打つだけで終わってしまう額です。

「一回広告を出すとどのぐらい効果があるんですか」と尋ねると、「やっぱり百万ぐらいは売り上げますね」とのこと。広告料金だけのプラスマイナスを考えると五十万円は儲かっていることになりますが、そのためのホテルのランニングコストを考えると、たった五十万円のプラスでは、全体としては赤字になってしまう。

それだったら新聞広告をやめて、そのお金をもっと生きた広告費に使いましょうと提案したわけです。

世の中に、死んだ広告費がものすごく多い。お金をかけて広告をする以上は、やはりお金が生きるような広告の出し方を考えるべきです。たとえば、政治家に賄賂《わいろ》を渡すのは犯罪ですが、ある意味、ものすごく効果的な、生きたお金の使い方であったりもする。

同じようにお金が生きて、しかも悪くないお金の使い方があるんじゃないか。常々そう思っていたことが、彼の薫堂ルームというアイデアによって、具体的なかたちになりはじめました。

関わったみんながハッピーに

日光金谷ホテルを舞台にして、自分の理想のホテルが現実になるまでを、毎回一ページから二ページの記事として雑誌に連載する。それによって、広告でもなく、タイアップ記事でもないかたちで、ホテルの宣伝ができます。

そのために「ホテル・イン・ホテル」に使うための部屋の改造をしました。そこは、角部屋で、場所的にはとてもいい部屋だったのですが、古くなってからは使われなくなってしまったので、汚れていて、床なんかは傾いていました。この改装だけで三百万円ぐらいかかった。つまり今まで広告に使っていた年間の予算を、全部ここの改装費にあてたわけです。

でも部屋がきれいになっても、備品が揃わない。テレビもオーディオもソファもベッドも揃いません。そこで、毎回、企業とタイアップして、品物を選んでいくことにしました。たとえばソファは、何がふさわしいかと考えたときに、アルフレックスがいいと思った。連載記事にそう書けば、先方の企業にとっても宣伝になるので、アルフレックスに「ソファを提供してもらえませんか」と頼みました。

そうやってオーディオ、テレビ、ベッドと、備品を揃えていくうちに、当初の雑誌連載だけでなく、この部屋自体が他のメディアでも取材されるようになりました。そのたびに、家具はアルフレックス、オーディオはＬＩＮＮ、ハイビジョンテレビは日立の「Ｗｏｏｏ」って書かれる。

企業にとっては、この部屋が自社商品のショールームの役割を果たしてくれることになります。それで今度は日立が、連載をしていた雑誌に「Ｗｏｏｏの美しさは金谷ホテルでも認められています」という広告を出してくれるなんていうこともありました。

理想のホテルは、完成後は、僕の事務所「Ｎ35」にちなんだ「Ｎ35ルーム」という名前で、実際にホテルの一部屋として稼働しはじめました。そうすると、今まで死んでいた部屋がお金をとれる部屋になったわけですから、すぐに投資した分を取り戻したんです。

ホテルだけでなく、連載した雑誌も、備品を提供した企業も、誰も損したと思う人がいない。関わったみんながハッピーになれるということが、お金を生かした広告をするためのポイントだと思います。

「百年ライスカレー」誕生秘話

僕が顧問になってから売り出した日光金谷ホテルの新しい名物に、百年ライスカレーというのもあります。これはどんなふうに発想したのか。

僕がアドバイザーとしてホテルに関わるようになったころ、確かにホテルの経営状況はあまり芳《かんば》しくありませんでした。それに、今、パークハイアットとか、フォーシーズンズとか、マンダリンとか、東京を中心にいいホテルがたくさんできています。そういうところは、サービス、料理、フロントマンの対応、部屋の快適性等、どこをとっても素晴らしくて、正直、日光金谷ホテルが張り合っていくのは難しい。

でも、どんなにひどい状況でも、何か一つはいいもの、絶対の強みがあるはずなんです。日光金谷ホテルでいうと、それは歴史だと思いました。

現在、ホテルができて百三十数年です。歴史の古さでは、どこも到底かないません。ホテルが今までにつくり出してきた時間、今までに生み出してきたストーリーは、どこがどうあがいても、絶対にまねできない。それが金谷ホテルの最大の武器です。

N35ルームが成功したのも、バックボーンにホテルのブランド力があってこそでした。そこをうまく利用したから、お金をあまりかけなくても効果の大きい広告になったのであって、他のホテルが同じことをやっても、うまくいくわけではありません。

だから、日光金谷ホテルならではの強みを生かした仕掛けをしなきゃいけないなと思って、考えたのがカレーでした。

これはずっと閉まっていた蔵を開けてみたことから始まります。井上さんが社長になって戻ってきたころ、鍵を閉めたままの蔵があったんです。

日本が第二次世界大戦に負けたあと、ホテルの建物は進駐軍に接収され、軍の保養所として使われることになりました。そのとき、大切なものは全部蔵にしまっておけということで、バカラのグラスとか、当時のメニューなどが蔵に入れられました。

それを井上さんが思い出し、

「そういえば、私が小さいとき、あの蔵に入れたもの、どうなってるかしら。開けてみましょうよ」

と言って開けてみたところ、昔の銀食器やら、コーヒーカップやら、料理のレシピやら、由緒ある品々が山のように出てきた。これを何かに生かせないかと思ってひらめいたのが、「百年ライスカレー」でした。

というのも、大正時代の献立表を見ると、フルコースの締めがカレーなんです。「ライス、カレーソース添え」みたいな感じで書いてある。よく、フルコースの最後にサラダを食べることがありますよね。昔、日本にきた西洋人は、そういう感覚でお米を野菜だと考えたのかもしれません。「カレードレッシングのライスサラダ」みたいな感覚です。

僕はちょっとビックリするとともに、これは面白いと思いました。そんなに昔からカレーを出していたんだったら、これを再現してメニューにしようと、「百年ライスカレー」を思いついたんです。

そしてこのエピソードをマスコミでPRしようと思って、雑誌の『BRIO』で通信販売をすることにしました。

その連載は毎回僕が何か商品をつくって売るという企画だったので、その第一回目で「金谷ホテルの蔵から出てきた百年ライスカレー」を限定百個つくって売ってみたんです。そうしたらたちまち完売。

ダイニングルームでもメニューに入れて出したところ、やっぱり大人気。そこでレトルト化をして、売店でお土産として買ってもらえるようにしました。

旅行者の気分で日常を見直す

「百年ライスカレー」がこんなふうにうまくいったのは、このストーリーがエピソードとして本当に面白かったからです。ストーリーがあれば、必ず何らかのコンテンツになる。それを見つけることが大切なんだと思います。

でも、自分がストーリーの中にいると、その面白さになかなか気づかない。ずっとホテルの仕事をしていたら、どうしても「ただのカレーでしょ。昔から出していますよ」としか思えない。

そこで、まったくの第三者の人間の目線が必要になってくるんだと思います。日光金谷ホテルの建て直しを託された井上さんは、まさにその役目を果たしたわけです。

でも、別の人の目線を借りなくても、自分で自分を第三者にすることもできます。

僕は旅先じゃなくても、普段の生活で、よくホテルに泊まります。ホテルに泊まると、旅行者みたいな気分で東京を見られるのが好きなんです。

帰る家があるのに、あえてホテルに泊まるということには、自分の日常を客観的に見つめる、自分の日常を俯瞰《ふかん》するという意味があります。

当事者は「だめだ、だめだ」と頭を抱えていても、第三者から見たら「どうしてこんないいことに気がつかないんだろう。すごくもったいないなあ」と思うことってたくさんありますよね。同じように、自分を第三者の立場においてみると、つまずいている原因がちっぽけなことだと気づくとか、いいアイデアが浮かぶことが多い。

同じことは、地方と東京の関係にも当てはまります。

僕の田舎は熊本県の天草というところですが、自分が天草にいたときは、何もない田舎だと思っていました。でも大人になって、時々訪れる旅人の目で故郷を見るようになると、ものすごくきれいな海があって、みごとな夕陽があって、こんなに自然が豊かなところはないと思うようになりました。

たとえば、天草にはたくさんの野生のイルカがいるんです。

天草の漁師は、海にイルカがいるのは当たり前だと思っている。「海にはイルカがいるもんだ」と思って、イルカと共存しながら漁をしていた。

でも、日本人の多くは、イルカはハワイにしかいないと思っていますよね。僕も、イルカを求めていろいろな国を旅したんですけど、実は天草に一番たくさんいた。

漁師さんたちは、それを全然ありがたいとも何とも思っていなかったんですが、ある日、イルカが世の中でブームになっていることを知った。

「世間で癒しだなんだって言っているのは、このイルカだよなあ？」

「みんな、わざわざ外国まで、イルカ、見に行くらしいぞ」

それで野生のイルカウォッチングのツアーを始めたら、すごくヒットしているそうです。

「第三者の目線」は、いいアイデアを生みだすための強力な武器だと思います。

第2章 アイデアは化学反応

一つのことだけやっていてもダメ

僕は普段、テレビの仕事をしたり、ラジオのナビゲーターをしたり、レストランのプロデュースをしたり、小説を書いたりと、いろいろな仕事をしています。

そうすると、いろいろなチャンネルを持っていることによって、アイデアの化学反応が起こります。

一見関係のなさそうなこっちの人とあっちの人を結びつけたり、こっちのアイデアとあっちのアイデアを結びつけたりすることで、新しいアイデアが生まれる。それがアイデアの化学反応です。

一つのことだけやっていると、その世界の枠組みのなかでのアイデアしか浮かばないから、なかなか大きな発想に発展しない。たとえば僕が放送作家の仕事しかやっていなかったとしたら、何か面白い番組がないかとか、どうやったら笑いが取れるかということしか考えなくて、仕事の壁にぶつかってしまっていたと思うんです。

でもホテルの仕事とか、小説や翻訳の仕事をすることで、テレビ以外のまったく別の仕事のアイデアを思いついたり、テレビの企画でも、新しい方向のアイデアがひらめいたりします。だからなるべくいろいろな仕事を広範囲にわたってしたほうがいい。

また、僕はアイデアは「人」そのものだとも思っているので、広く浅く、いろいろなところに首を突っ込んで、多種多様な人に会うことも大事だと思います。

「広く浅く」というのは、いつも第三者の目線で面白いものを探していたいという気持ちの表れでもあります。僕にとって一番の理想は旅行者のような生活です。僕は今日本に住んでいますが、日本人としてどっぷり暮らすよりは、たとえばアメリカ人が東京に遊びに来て、異国の生活を体験しているというくらいの日常がいいと思っているんです。

あんまり一つところに根を張りたくない。そうなってしまうことをむしろ怖く感じます。アイデアがそこに固まってしまうんじゃないかと思うからですね。

不安定ではありますが、落ち着きすぎないほうがいい。たとえて言えば、座り心地のいい椅子に座ると、どっしりと構えてしまって筋肉を使わない。でもバランスボールに乗ったら、常に緊張感を保たなくてはいけないので、筋肉が鍛えられる。そんな感じですね。

毎朝ワクワクして目が覚める

今はほんとうにたくさんのプロジェクトが同時進行しています。

そんなにたくさんの仕事を抱えて、どうするんだって思われるかもしれないけれど、僕は常に何かを抱えていないと、かえって落ち着かない。

「これ、どうしようかな、どうしようかな」

と、常に考えていて、言ってみれば、常に宿題を抱えている状態です。

でもそれは僕にとってはストレスにならない。宿題を抱えている状態はちっとも苦痛じゃない。逆に課題がないと寂しい。むしろ、それが生きている喜びなんです。

テレビ業界の人間は夜型だと思われがちですが、僕は毎朝五時とか六時には起きています。それも目覚まし時計は一切使わない。

早起きには二つパターンがあります。一つは急ぎの原稿を書かなきゃ、というときに早く目が覚めます。もう一つは「ああ、今日もいろいろ楽しい仕事がたくさんあるな」と、ワクワクして寝ていられなくなって、目が覚めてしまう。

ほとんどは後者で、僕は、毎日が小学生の遠足の朝気分です。

「ああ、今日もたくさん考えることあるなあ」

「あのプロジェクト、どうなるかな」

「ああ、そうだ、あそこに出した企画書、そろそろ通るかなあ」

「この間書いた台本について、タレントさんと打ち合わせするけど、何て言ってくれるかな」

そういうワクワク感が日々あります。そこにはもちろん、「今日の夜ご飯、何食べようかな」なんていうのも入ります。

自分が関わっているすべてのことが、どれも同じくらい楽しみなんです。

やりたい仕事だけをやれる環境

ですから、最近オフがないなあ、休みたいなあなんてことは、まったく思いません。

逆に、何もしていなかったら罪悪感を覚える。

オンと言っても、「仕事をしなきゃいけない」とは思わない。していることはたしかに仕事なんだけれど、もっと楽しいことなので仕事と呼ぶのはちょっと違う、そんな感じが常にあります。

仕事イコール「仕える事」ですよね。僕は自分がやりたいからやるだけであって、誰かに仕えてやっているわけじゃない。「自分がしたい事」、つまりは「志事」や「私事」なんです。だからあまりプレッシャーを感じることなく、いつも楽しんでいられるのかもしれません。

そのような、誰かに仕えなくてもいい環境は、自分でつくってきた面もあります。

昔、テレビの仕事だけやっているときは、僕にも「仕える」感がありました。放送作家というのは、やはりディレクターあっての仕事なので、どうしてもそのニーズに応えなきゃいけない。組織の歯車になって、自分のパートをこなさなきゃいけないということを考えた途端に、すごく窮屈に感じてしまうんです。常に周りに合わせた動きをしなきゃいけない、それがすごくストレスでした。

だから、なるべくそういう仕事はしないように、自分が自由に動ける仕事だけをするようになった。表面的には仕事を狭めることになりましたが、それが逆によかったんだと思います。

今手がけているテレビの仕事も、そういう意味では歯車的ではなく、自分でやりたいと思ったものだけをやっている感じです。

「ここで断っちゃったら次の仕事が来ないかも」というのは、確かに不安かもしれません。

でも僕は、自分の選択した先に一番いい未来があると思っている。自分のやりたいことを主張したために仕事がなくなってしまったとしても、「きっとあそこで仕事がなくならなかったとしたらすごくハードワークになって、病気して倒れてたんだ」と思う。仕事がなくなったらなくなったで、「ああ、よかった」と思えるんです。

締切は破ってもいい

仕事の締切に追われると、ストレスで胃がキリキリ痛くなる人もいるといいます。

僕もきわどい締切は相当抱えているんですが、胃が痛くなることはまずない。

雑誌の連載を書くとか小説を書くとか、ホテルの話とか、映画の話とか、レストランのメニューも考えなきゃいけないし、ブランドのPRをどうやるかという宿題もあります。どんなマンションを造ろうかというのもありますし、焼酎の名前を考えてくれというのもあります。

でも、どうしても間に合わなくて穴をあけたことは今まで一度もありません。

当たり前のことですが、どんなにきつい仕事も、どんなにだめだと思う仕事も、過ぎてみれば終わっていますよね。今、こうやって自分が生きているんだから、何とかならなかったことはない。

そう思うと、今どんなにギリギリでも、必ずどうにかなるって思うんです。終わらない締切はない。そしてほんとうに、何らかのかたちで必ず終わる。

結果はいつも大成功というわけにはいかないけれど、とにかく、時間はすべてを解決してくれます。

たとえば「ああ、明日の夜が締切なのにまだ一行も書いてないや」ということがあります。

先日は、映画の脚本を、締切の日に一行も書いてないということがありました。向こうはみんな、プロデューサーも役者も予定の日を空けて待っています。

「どうですか。そろそろ、いいですか」

と聞かれても、一行も書けていない。

書けていないからしょうがない。だからそのときは、

「もうちょっとです、あともう少しです」

と言って延ばすしかない。

そのときはもう「ごめんなさい」と言って待ってもらうしかないのですが、待たせる分、代わりに絶対いいものを書こうと思う。締切を守って中途半端なできのものを渡すよりも、締切を破ってでも、完璧なものを出そうと、いつも思います。

「もうできない」ではなく「もうすぐできる」


二十代のころ、景山民夫さんのところに話を聞きに行ったことがあります。僕が、

「あの作品は、どうやって書いたんですか？」

と聞いたら、景山さんは、

「いやあれ、僕、書いてないんですよ」

と答えた。

「え？ ゴーストライターが書いたんですか」

「いやいや、神様が降りてきて、神様が書かせてくれたんです」

そのときはわけがわからなかったんですが、今はその気持ちがわかる。

神様が降りてくるというか、ぱっとひらめいて、誰かが乗り移ったみたいに、ダダダーッと書き上げることがよくあるんです。

だから最近は、「締切が過ぎています」と催促されても、「神様がまだ降りてきていないので、ちょっと待ってください」なんてやりとりをする（笑）。

火事場のバカ力ってあるけれども、それに似たものかもしれません。

暗示をかけるというか、絶対できるんだ、絶対いいものができるんだと、信じることが重要です。

「ああもうできない、できない」と心配して胃が痛くなるよりは、「もうできるから。もうちょっと、もうちょっと、もうちょっとでエンジンがかかる」って、言い続けることが大切だと思うんです。

締切前に、たとえば三時間くらい机に向かう時間があったとしても、だめなときはどうやってもだめなものです。それをまた、「やらなきゃ、やらなきゃ」と思うことでつらくなる。

苦し紛れに考えてひねりだそうとしても、決していいアイデアは出てきません。どうしてもアイデアが出てこなくてだめになったら、それはその仕事に向いていないということだから、仕事をやめればいい。でも、これまでアイデアが出てきたということは、まだ自分がこの仕事に向いているということだから、今度も絶対に大丈夫と自分を信じるんです。

煮詰まったときのお稲荷さん詣で

でもそういうとき、何もしないで神様を待つよりは、やっぱり雨乞いの儀式はしたほうがいい。その儀式の一つが、お稲荷さんにお参りするという方法です。

テレビの台本を書いていた二十代のころ、一番きつかったときに、いつもこれをやっていました。僕が当時住んでいた家の裏に、誰も手入れをしていない汚いお稲荷さんがあって、そこに行ってお賽銭《さいせん》をあげて、

「お願いします、いいアイデアをください」

とお祈りをするんです。

明け方の締切の何時間前とか、そういう、切羽詰まった状況です。すると、不思議といいアイデアが浮かぶ。

どんなに「これまで必ずなんとかなってきたんだから大丈夫」とはわかっていても、ほんとうに切羽詰まると、「今度こそもうだめかも」という悲観的な気持ちが顔を出してしまう。だから「絶対終わるんだ、朝が訪れない夜はないんだ」と自分に言い聞かせる、自分を慰めるための儀式の一つが、お稲荷さんに手を合わせることなんです。

今でもほんとうにアイデアが出ないときは、車に乗ってお参りに行くことがあります。

あとは銭湯に行くとか、お風呂に入る。なぜかシャンプーしていると、アイデアが浮か

ぶことが多い。

お風呂に入るとき、いつもアイデア帳を持って入って、半身浴をします。

アイデアを書き留めるときは、イタリアのピネッティ社の大判のノートを使っていますが、お風呂で使うのは、同じ会社の、それより小さい細長いノート。海外旅行に行くときに持っていくのもそれです。その片手で持てる細長いノートとペンを持ってお風呂に入る。そこで思いついたアイデアをメモします。

お風呂は、とりあえず何かを考えるために入ります。何も考えずにボーッとしていることはない。それだと間が持てなくて、入っていられない。資料を読まなくてはいけないとか、映画のことを考えなきゃいけないというときは、その関連の本を持って入ることもあります。

アイデアに困ると、泳ぐこともよくあります。それも普通に泳いでリフレッシュするとかじゃなくて、わざと息を止めて、水の中にずっといる。そうすると、当たり前ですが、苦しくなってきます。そのとき神様になった気持ちで、自分に言い聞かせるんです。

「今、お前には二つの選択肢がある。このまま苦しんで死ぬか、あるいはいいアイデアを思いつくか。さあどっちがいい」

2種類のアイデア帳。ピネッティ社製。高くて良質のノートを使うと、自然に「いいアイデアを出さなきゃ」という気持ちになる

「うー、いいアイデアを思いつくほうです。だから、お助けください」

酸素をなくしたほうがいいアイデアが浮かぶって、確かドクター中松も言っていたと記憶しているので、科学的根拠があるのかもしれない（笑）。

呼吸するように考えていると言いましたが、僕の生活のすべてはこんな感じです。

「アイデアの種」をポケットに

アイデアが常にわき出るようにするためには、勉強とかインプットが大事だと言います。

でも僕はアイデアを得ようとして、何か特別にインプットしたりはしないんです。

意識的に情報を収集したり、インターネッ

トを一日三時間も四時間も見たりとか、そういうやり方もありますが、ただそれだけでは、情報がストックされていくだけのような気がする。

僕は、アイデアは、経験の化学反応から生まれると思っています。タイプの異なるいろいろなことを経験して、たくさんの生身の人に出会うことが一番大切で、机の上で考えているだけでは、アイデアは生まれないのではないでしょうか。

僕はよく事務所のスタッフに、「いいアイデアを思いつくためには、まずアイデアの種を見つけることが大切なんだ」と言います。アイデアの種というのは、何でもいい。日常で出会うことでもいいですし、新聞で見たことでも、何でもいいんです、

アイデアの種は、アイデアそのものとは違います。

アイデアの種とは植物の種と同じで、将来何かに育つ可能性があるものです。

たとえばブログというものが誕生したとき、僕は、「あ、これは何か、面白いことができそうだな」と思いました。

でも、ブログを使って、すぐに何かをしようとは思わなかった。アイデアの種を拾うたびに、すぐビジネスに結びつけようとすると、かえっていいアイデアに育たないような気がする。

愛用しているエルメスのペンケース。革の感触がとてもよく、
考えごとをしながら握っていることが多い。お守りのような存在

そうではなくて、「これは何かわからないけど、何か将来育ちそうだ」というものがあったら、それを種として、心のポケットに入れておくんです。

これはまた別の種ですが、飯倉のキャンティに食事に行ったとき、僕の隣の席におばあさんが二人いた。そのおばあさんたちは、昼間から白ワインを飲みながら、生ハムをつまんで、おしゃべりしているんです。

「おいしいわね」

「ここはね、何でもおいしいのよ」

僕はなんだか面白いと思って、マナー違反ではありますが、つい会話に聞き耳を立ててしまいました。

「私、このお店のオープニングの日に、来たのよ。川添君っていう友だちが、今度レストランをつくったから来ないって言うから来たら、ここだったのよ。ちょうどこの席に座ったの」

キャンティができたのは一九六九年です。

「最近、私ね、もう同世代とは遊ばないの。年下の子としか遊ばないことにしているの。若い子はいいわよ。この間はね、五十歳の男の子とお台場に行ったの。すごく楽しかったわ」

こんなセリフを聞くと、「あ、これは何かいいなあ」と思って、このシーンを種として持っておこうとポケットに入れるわけです。実際、その後、このシーンを素材にして、短編小説を書きました。

「このニュース面白いな」と思ったら、それは別にメモするわけでもなく、何かに記録するわけでもなく、なんとなく気に留めておく。種を、心のポケットに入れておく。

そうしていると、別の機会にそれを生かすときがやってくる。

大切なのは、この種をどこのフィールドに植えるかです。ラジオにするか、テレビにするか、雑誌がいいか、ビジネスがいいか。あるいは遊びで使うのでもいい。とにかくこの種をどの畑にまくと一番スクスク育つか。僕はいつもそんなふうにして発想しています。

ブログの種はこんなふうに育てた

ブログという種は、最初、テレビ番組にしようと思ったんです。

いろいろな人のブログをもとにした情報番組はどうかと思ったのですが、突き詰めて考えていくと、結局今までの情報番組とあまり変わらない。それではブログがただの飾りでしかない。テレビにした瞬間に、ブログの面白さがなくなってしまうと思いました。

ブログというものの面白さは、非常に閉鎖的な場を端から覗《のぞ》き見するところにあるように思います。しかも覗いている人たちが何となく横でつながっていたりするところがまた面白い。だから、ブログとテレビは相性が悪いなと思ってやめました。つまりテレビの畑に植えるのはやめようと思ったんです。

じゃあ、まあ、ブログはとりあえずいいかな……と思っていたとき、二カ月後に、うちのスタッフの男性が誕生日を迎えることに気がついた。

彼がうちの事務所に来たのが一年前の四月はじめで、もともと彼を正式採用するかどうかは一年たったら決めると、本人に通告していた。そしてちょうど三月二十七日が彼の誕生日です。

そこでほかのスタッフたちと、本人に内緒で彼の誕生日をお祝いするためのブログを始めました。

テラスというニックネームなので、ブログのタイトルを「ハッピーバースデー・テラス」にして、彼の誕生日当日、そのブログのURLを書いたメモを渡す。彼がブログを見たとき、自分のまったく知らない人たちが、こんなにたくさん祝福してくれたんだという驚きをプレゼントにしようと思ったんですよ。

ブログには、「今日、テラスはこんなことを言った」「こんなことをした」といったことを、毎日記録していきました。さらにうちのスタッフが、片っ端からいろいろな人のブログにコメントを残して、「ハッピーバースデー・テラス」を見に来てもらった。それで一時期アメーバブログで日記部門の七位ぐらいまでいったほどなんです。

そしていよいよ誕生日当日、僕が厳粛な顔つきで、「ちょっといいかな」と呼んだら、テラスは引きつりながら、「はい」と言ってやってきた。

「一年間、どうだった?」

なんて、上司っぽく振る舞ったあと、

「ちょっと直接言いにくいんで、手紙書いたから、これ、見て」

と封筒を渡す。

テラスは顔には出さないようにしているけれど、「だめだったか」とガックリしているのがわかりました。

そこで封筒を開けるとURLが書いてあって、パソコンでそれを見ると、「ハッピーバースデー・テラス」のブログ。

「採用おめでとう。今日から僕たちの正式な仲間に入ったよ」

こんなふうに、ブログを仕事にするんじゃなくて、遊びにしたことで、ブログという種がすごくいいものに成長したと思っています。

仕事の時間を削ってこんなことしても、全然お金にはならないんですけど（笑）。

僕の事務所はサプライズがいっぱい

うちの事務所は、そういうサプライズがたくさんあります。事務所のスタッフの誕生日は、毎年必ずサプライズでお祝いする。

シオザワとウチダという二人の誕生日がどちらも十月で近いので、ある年、「こいつら二人まとめてサプライズしてやろう」と思いました。

シオザワは大の阪神ファンです。阪神が優勝したとき、

「仕事を休んで甲子園に行っていいですか」

と言うので、

「お、いいよ、行ってきなよ」

「ありがとうございます。じゃあ行ってきます」

シオザワが新幹線で旅立ったのと同時にほかのスタッフも全員すぐ、飛行機に乗って先回り（笑）。彼は大阪の広告代理店の人と一緒に甲子園へ行ったのですが、当然、その代理店の人にも根回しズミです。

試合が終わったあと、代理店の人が、

「残念ながら今日は阪神が負けましたけど、シオザワさんのために、読者モデルの女の子も誘いましたから」

といって、お好み焼き屋の二階に連れていく。僕らが店に着いたときには、彼はもう大喜びで、盛り上がっているんです。そこで僕は下でお好み焼きを焼いて、それを店員が持っていき、

「どうもお待たせしました。今日はスペシャルで、特別に師匠が焼いています」

シオザワは、師匠って、まさか僕のことだとは思いませんよね。この店の師匠だと思って食べて、

「味、どうですか」

「うまいよ」

「ありがとうございます。じゃあ今、師匠が挨拶に来ますんで」

みんなで「カンパーイッ」とやっているときに僕が後ろから出ていった。

シオザワは僕の顔見た瞬間、「あれ、どうしたんですか、こんなところで」。

まず身近な人間を喜ばせてみる

次はもう一人の十月生まれ、ウチダをサプライズする番です。

ウチダには別れた元カノがいたんですが、その子にお好み焼き屋からこっそり電話をしました。

「今、どこ?」

「帰宅中で、今、日本橋の駅で乗り換えるところです」

「じゃ悪いんだけど、東京駅に戻って、新幹線で京都まで来てくれない?」

彼女を京都まで呼んでおいて、僕らは「じゃあ次は京都に飲みに行こうぜ」と、大阪から京都にタクシーで移動しました。その間ウチダは、読者モデルの女の子を気に入ってしまい、もうすっかり口説きモードに入っている。

僕たちが京都のレストランに着いてしばらくして、元カノも京都に着いた。そこで、ウチダがトイレに行っている間に、読者モデルの子と元カノに洋服を交換してもらって、元カノに、いかにも酔いつぶれたかのように、テーブルにうつぶせになってもらった。

ウチダがトイレから帰ってくると、

「あ、つぶれちゃったよ」

「お前、チャンスだよ、行け」

とたきつけて、ウチダが、「ね、大丈夫?」と顔をのぞき込んだ瞬間、顔を起こしたのが昔の彼女。

人間って、驚いたとき、ほんとうに飛び上がるんだなというぐらい、彼は飛び上がって驚いていました。

ウチダというのはほんとうに騙《だま》されやすいヤツで、彼の誕生日サプライズは、事務所の一大イベントになっています。

別のある年は、ウチダは株にはまっていた。そこで、僕の友だちが社長をやっている会社が、ちょうど彼の誕生日の翌日に株式を上場することになっていたので、その友だちに、こっそりウチダを呼んで、

「インサイダーだけど、絶対ばれないから、株買わない？」

と持ちかけてもらったんです。印鑑証明や住民票まで取らせて、株式購入用の本物の用紙があったのでそれに記入させました。投資関係の経歴も知りたいからと言っていろいろ質問にも答えてもらったのですが、「好きな女性のタイプは」なんていう変な質問が混じっていても、欲で目がくらんでいるときって、全然疑わない（笑）。

ウチダがその用紙にハンコを押そうかというときに、東京証券取引所の人間が入ってきて、インサイダー取引で逮捕される、というのが僕らの考えたシナリオでした。

そのときもウチダはブルブル震えていました。そこへ、「お前がほしい株はこれだろう」といって、野菜のカブでつくったバースデーケーキを持っていくというのがオチでした。

誕生日には何かサプライズがあるとわかっていながら、ウチダは毎年、きちんと騙されてくれます。楽しませがいがあるというか、学習能力がないというか。

僕は、こういうことになると、仕事と同じくらいの情熱を傾けます。むしろ遊びのとき

のほうが、生き生きしているかもしれない。事務所のスタッフも、「こんな忙しいときにこんなことしているヒマはない」とは絶対言いません。

でも、ある意味ではこれも発想のトレーニングだと思うんです。僕たちがしているテレビの仕事は、エンターテインメントを創る仕事です。自分たちの身近な人間を喜ばせることができなかったら、不特定多数の視聴者に喜んでもらえるはずがありません。

まあ、本人が喜んでるかどうかはわかりませんが（笑）。

忙しい中で遊ぶからこそ楽しい

テレビや広告業界で仕事をする人たちが、みんなこんなに遊んでいるのかというと、必ずしもそうではないと思います。僕や僕の周りが特別かもしれません。

たとえばテレビ朝日で放送され、国際エミー賞も獲得した、「トリセツ」という番組のときは、毎週朝十時から会議をやっていました。それで、月に一回ぐらいでしたが、番組の企画のほかに、課題を出すんです。

たとえば次回のテーマはパンと決まると、みんな、自分が一番うまいと思うパンを持ってこなきゃいけない。それをブラインドで食べ比べて、一番うまいパンはどれかを、みんなで決定するんです。

そのために、ある者は那須の御用邸のパン屋に行き、ある者は自分の行きつけのレストランのシェフにパンを焼かせる。おいしいパンが決まったからといって、仕事とはまったく関係がありません。ですが、そうやって会議をいかに楽しくするかということに、みんながものすごく労力を使った。そういう雰囲気は、絶対、番組の仕上がりにも反映されているはずなんですよね。

忙しくても楽しい。いや、忙しいなかで遊ぶからこそ楽しい。

忙しさのなかの遊びを見つけるということはすごく大事なんです。

周りのリアクションが一番の栄養

だから、ほんとうに、僕はいつでも「何か面白いことないかな」って考え続けています。

仕事にならなくてもお金にならなくても、気になりません。楽しんでくれたり、リアクションしてさえくれたら、アイデアを出すのも企画を練るのも、全然惜しいとは思わない。

僕が一番嫌なのは、せっかく何か考えたのに、誰にも何も言ってもらえないことです。

たとえば雑誌の仕事で、何度も催促されてやっと書き上げたのに、いざ原稿を送っても、

「受け取った」というリアクションがないことがある。

すごく考えて書いた原稿で、これは面白いだろうというのを送って、せめて一言、「面白かったです」とか、「ここがこうよかったです」と言ってくれたらいいなと思うのですが、何も言ってくれない。そういうときは、なんだか損したなという気になります。

僕がラジオの仕事が好きなのも、ラジオのほうがテレビよりもダイレクトに反応が返ってくるからかもしれません。

自分のやった仕事を認めてくれたりとか、自分のつくり出したものを認めてくれたりする人がいると、すごくやり甲斐がわいてくる。

反応は、電話の一言とか、メールの一行でいいんです。

特に最近は、メールのやりとりだけで、実際に会ったことがないまま仕事をしている編集者も増えてきているので、そういうちょっとしたリアクションが、一層大事になってきていると思います。

マイナスのリアクションでも、それはそれでいいんです。何も言われないよりもずっとうれしい。もちろん、面白いなとほめられたら、もっとうれしい。心からでも、お世辞でも、そのあたりはそんなには気にしません。

リアクションは、アイデアを生み出す体にとって何よりもの栄養だと思います。

発想の原点は誕生日プレゼント

雑誌のインタビューなどでもよく話していることですが、僕の発想の原点は、誕生日プレゼントをつくるように考えるということにあります。

子どものころから人の誕生日をどうやってお祝いしようか、知恵をしぼるのが大好きでした。たとえば小さいころ、魚屋のハマツネフミ君に何をあげたら喜んでくれるだろうというのを一生懸命考えた。それが今、アイデアを創造することの原点になっています。

誕生日プレゼントは、人を喜ばせるための、最も身近な手段です。誕生日は誰にでもあるし、祝ってもらって嬉しくない人はまずいない。

プレゼントをして喜んでくれない人って、あまりいないですよね。だから、あとはいかによりたくさん喜ばせるかだけ。安心して努力できる楽しさがあると思うんです。

それから自分の誕生会。僕は自分の誕生日のときも、自分がプレゼントをもらうより、人を喜ばせることに夢中でした。自分の誕生日会のプランを練るのは、僕にとっては年に一度の大きな楽しみでした。

人の喜ぶ顔が見たくてアイデアを考える。僕の発想の仕方は、子どものころからまったく変わっていないということなんでしょうね。

三千万円を運ばせたオヤジの教育

オヤジが防衛大学校への進学を勧めた話はしましたが、うちのオヤジの教育方針はほんとうに変わっていました。

たとえば、僕は小学校五年生のときから、月額六百円のお小遣いを、銀行振り込みでもらっていました。ちょうど、キャッシュカードが普及し始めたころです。オヤジが、

「これからは絶対カード社会になるから、持っておけ」

と言って、肥後銀行のキャッシュカードをつくってくれた。通帳は親が持っていて、僕はキャッシュカードだけ。だから振り込みとはいっても、親のほうに手数料はかからない。

でも、六百円もらってもおろせないんです。キャッシュディスペンサーでおろせるのは千円以上。だから二カ月に一回しかおろせない。

毎月二十五日、オヤジの会社の給料日に、僕のお小遣いも口座に入れてもらっていたので、二カ月に一回、二十五日になると銀行に行き、キャッシュカードコーナーに並んで千

円をおろして使ってました。

それからうちのオヤジは、お年玉をくれるとき、わざと百円札でくれたりする。一万円札を一枚もらうよりも、百円札を束でもらったほうがうれしいだろうと言ってそうするんです。もう少し大きくなってからは、十万円金貨一枚ということもありました。

小学生のとき、大金を運ばされたこともあります。

僕の記憶だと三千万なんですが、今思うと、あれは三百万だったのかなあ。いずれにしても小学生には想像もつかない大金でした。

うちのオヤジが運んでくれと言うので、札束をバッグに入れてバスに乗って、二時間半の道のりを運びました。周りの大人がみんな泥棒に見えた（笑）。

オヤジは金融業とか、不動産業とか手広く商売をやっていたので、将来跡を継がせることを考えて、お金に慣れさせるという目的があったのかもしれません。

オヤジが僕にさせたことのなかで、一番印象に残っているのは、小学生のとき、一人で東京の親戚の家まで旅行をさせられたことです。小学生が一人で天草から東京まで出ていくなんて、怖いに決まってますよね。そう言ったら、

「お前、日本語読める？」

「読めるよ」

「話せる？」

「うん、話せるよ」

「聞ける？」

「聞けるよ」

「そうしたら、わからなくなったら聞けばいいんだし、標識を読めばいいんだし、質問すればいいんだし。何で迷子になるの。お前」

と言われた。そうか、確かに迷子にはならないなあと納得させられ、実際行ってみたら、やっぱり迷子にはならなかった。

それからは、一人でいろいろなところに行くのが、怖くなくなりました。僕の楽観主義的な性格はこうやってつくられていったんです。

第3章

アイデアの種はここにある

「当たり前」をリセットする

アイデアの種は、そこらじゅうに落ちていると思います。

でもぼんやりしていると、足元にアイデアの種が落ちていても、これが種であると気づかない。

だから大事なのは、先入観をいったん捨てて、認識をリセットすることです。これはフジテレビで放送した「ニューデザインパラダイス」という番組をつくっているときに考えていたことでもあります。

たとえば、ここにヤカンがあるとしますよね。これをヤカンだと思うのは経験から知っていることです。じゃあ、もしここに宇宙人がやってきたら、自分は宇宙人にこれを何て説明するだろう。それがリセットして考えるということです。

知識をゼロに戻すと、きっとまず、「何でこんなかたちになったんだろう。誰がこんなかたちにしたんだろう」と考えますよね。

そして、これがもっといいかたちにならないかと考え始めたとき、ヤカンに、何か新しい価値観を見いだすことができるんじゃないかと思ったんです。

「ニューデザインパラダイス」の第一回で横断歩道をとりあげたのも、同じような理由からでした。

横断歩道って、いつも何気なく通り過ぎていたけど、いったい何でこんなかたちなんだろうとあらためて考えた。最初は、横断歩道って、そもそも何で梯子《はしご》型になっているんだろうと思ったのですが、番組でとりあげることになって、今の横断歩道は、実は梯子型になっていないのを初めて知りました。

昔は確かに梯子型だったんですが、梯子型にするとタテの線とヨコの線が接するところに水が溜まり、車がスリップして事故が起こる場合があるんです。だから両脇のタテ線をなくして、今はヨコの線だけなんです。

それでも人間は、道路に白いシマシマがあれば、横断歩道だと認識します。……ということを知ると、道を歩いていても、横断歩道がやたらと気になってきますよね。

そんなふうにして、いろいろなものを一回リセットして考えると、そのもの自体がすごく気になり始めます。アイデアの種は、そういうところにある。

ヤカンとか、横断歩道とか、自分にとって当たり前のものほど、意識的にリセットして考えてみる。アイデアの種を拾うには、そんな心構えが大事なんじゃないでしょうか。

「ちょっとしたリスク」の隠し味

僕のオフィスの玄関には、チュッパチャプス（棒つきキャンディー）のツリー型のディスプレイ台が置いてあります。お店にあるのと同じものです。

オフィスに来てくれた人が、またここに来たくなるようなことが何かできないかなと思っていたときに、チュッパチャプスを置くことを思いつきました。

これも一つの種といえば種なんです。コンビニに行ったとき、チュッパチャプスのディスプレイを見て、面白いなと思って丸ごと買って、最初はただ普通に置いていました。

事務所に来たお客さんに、何かちょっとしたお土産をあげられたらいいなあと思っていたんですが、それを見た人が、「もっと面白いものがあるよ」と言って、さらに巨大なチュッパチャプスのディスプレイ台を持ってきた。

それを見て、「これはクジになるな」とひらめいたんです。

しかも、アタリだけじゃつまらないので、どくろマーク、というかハズレを入れた。それを引いた人は、逆に何か景品を提供しなくちゃいけない決まりです。それによって来客者とのコミュニケーションのチャンスが増えると思ったんです。

ハズレがあって、引いた人が景品を提供するリスクを負うという点が、このアイデアの一番肝心なところです。

リスクのないビジネスは、つまらないですよね。競馬だって自分でお金を賭けるから面白い。ゲームだって、ゲームセンターで百円を入れなきゃ面白くない。自分の身銭を切るリスクということが、この場合のアイデアの種なんだと思います。

最後は「面白いかどうか」で決まる

結局、僕がアイデアを出す目的は、どうすれば日常が面白くなるかという一点に尽きるように思います。日常の楽しさを加速させたり、際立たせるための作戦の一つ一つが、いろいろな企画のコンテンツにつながっている。

日常をより楽しいものにすることは、僕の人生のテーマともいえます。それがあるときはビジネスになったり、あるときは遊びになったりする。

仕事は自分一人でやるものではないから、周りの人たちに損をさせてはいけないし、事務所を構えたら、スタッフも抱えることになる。だから当然、いろいろとお金の問題も出てきます。

でも僕は、あまり当たるとか当たらないとか、そういうことは考えない。

始まりはまず、「面白い」とか「やってみたいな」からなんです。

僕の仕事は、僕の考えに対して周りにお金を出してもらうというスタイルが多いのですが、「こういうことやるとすごく儲かりますよ」とか「すごく宣伝効果が上がりますよ」というふうにアピールするわけじゃない。

僕の場合は、「こうやったら面白いですよね」とか「話題になりますよ」という言い方をすることが多いですね。

たとえばテレビ業界のように視聴率第一の世界でも、数字で測れない価値は必ずあります。だから、自分が感覚的に、「これをやることは今の企業にとって大切なんだ」と確信が持てることをプレゼンするのが大事だと思うんです。

それは先方も同じことで、最後には、自分のつくった企画を、向こうが面白いと思うか、面白くないと思うか、最後はやはりそこで決まるんだと思います。

百のプランより、ベストの一行

僕はいつも企画書を書くとき、表紙をめくった最初の一行、ここに「かましの一行」を

「お厚いのがお好き？」の企画書。表紙をめくった最初のページ

書きます。相手に最初に何を伝えるか。ここの部分が一番重要であり、一番難しい。だからそれだけの時間をかけます。

二〇〇三年の四月から一年間放送されていた「お厚いのがお好き？」というテレビ番組があります。世界で最も難しい本を世界で最もやさしく読み解くと銘打って、マルクスの『資本論』とか、ニーチェの『ツァラトゥストラはかく語りき』なんかを紹介するという内容でした。この番組の企画書の最初のページは、

「君はキルケゴールも読んだことがないのか？」

の一行だけ。

そうやって、「あなたは当然読んでますよね」という感じで言われると、ドキッとしますよね。それで、「そういえば何にも哲学のことなんて知

らないな。ちょっと勉強してもいいかな」と思う。そこを狙った一行なんです。

そもそもなぜ企画書を書くのか、考えたことはありますか？

答えはひとつ。自分のやりたいことを実現するために書く。それが企画書です。当たり前のことなんですが、意外とこのことを忘れている人が多い。

僕は、飯倉のオフィスの近くにある「司亭」という小さなお弁当屋さんに、新しいお弁当の企画書を提出したことがあります。

このときの企画書もやっぱり最初に一行、「飯倉よ、さらば！」と書いて、末尾にイトーヨーカ堂の名誉会長の名前を入れました。

イトーヨーカ堂の本社は二〇〇四年に飯倉から二番町に移転したんですが、司亭がこの危機を乗り越えるためには新メニューの導入を図るべき、というのが企画書の趣旨です。

でも本当の理由は、自分の大好物だけが入った弁当を食べたかったから。

「飯倉よ、さらば！」という名誉会長の言葉は、僕が勝手に想像して書いたものです。

そうしたら、司亭さんは僕の提案を受け入れてくれて、小山薫堂オリジナル弁当を商品化してくれました。それが「N35弁当」です。

これが司亭のヒット商品になったんですが、僕はもちろん謝礼はもらいませんでした。

司亭に提案したオリジナル弁当の企画書

自分の好物だけ入った弁当を食べられるんだから、これ以上うれしいことはない。そのかわり、うちの事務所のスタッフが弁当を注文したときは、鶏の唐揚げを一個余分に入れてもらうことになっています。

こんなふうに、僕は企画書のはじめはインパクトのある一行から始めることが多い。

出版の世界では、一冊の本のタイトルを決めるとき、新人編集者が「百本ノック」とかいって、百通りのタイトルを考えさせられることがあるそうです。

でもぼくは、百本のコピーを考えることよりも、百本の中から最良の一本を選ぶほうが難しいと思う。だから、どうでもいいものをたくさん出すのではなく、ベストなものを一つ出し、決定権のある人がそれに対してイエスかノーを言う。そのスタイルが一番いいと思います。

もっとも、その一つを生み出すために、これだけたくさんのものを考えましたよというアピールの仕方はあります。これだけ膨大にあるなかから考え抜いた結果、この一個に決めましたということを上手にプレゼンできたら、相手を納得させる格好の材料になると思います。プレゼンの一つの方法として、意識しておいてもいいのではないでしょうか。

職人技の腕時計に一目ぼれ

僕はアイデアを考えるとき、人からだけでなく、持ち物から刺激を受けることも多い。身のまわりの一つひとつの持ち物が、ものづくりのお手本みたいなところがあります。たとえば、今している腕時計も、僕にとってはお手本です。ピエール・クンツという時計師がつくった「キュピドン」という時計です。もともとは、彼が自分の奥さんのためにつくったものだそうです。

秒針が三つあって、〇～二十秒は PASSIONNEMENT、二十一～四十秒は A LA FOLIE、四十一～〇秒までは BEAUCOUP という言葉を指します。ふと時計に目をやったとき、秒針がどの位置を指しているかによって、恋占いができる。

日本ではよく花占いで、「好き・きらい、好き・きらい」といいますね。これがフランスでは、「情熱的に好き（PASSIONNEMENT）・狂ってしまいそうなほど好き（A LA FOLIE）・とても好き（BEAUCOUP）」となる。フランス人っぽいでしょう。

文字盤の中には、矢を打っている小さなエンジェルがいて、この秒針が進むにつれて、ハートに向かってどんどん動いていく仕掛けになっています。

りんごをねらう蛇がいて、鳩がいて、上から光が差してという、ちょっとした宗教画みたいなモチーフも配置されています。

機能的にいえば、時計は時間がわかりさえすればいい。でもこの時計の中には、秒針を恋占いにするというアイデアや、小さなエンジェルが中に入っているという茶目っ気をはじめとして、たったこれ

一目ぼれして買った腕時計「キュピドン」

だけのスペースに精巧な世界をつくりあげるための手間が詰まっています。そういうすべてを、クリエイティブのお手本のように感じるんです。これはもはやただの時計ではなく、いいアイデアの塊。

だからこの時計を見るたびに、「自分もがんばらなきゃ」と思います。

自分が「時計をつくれ」と言われても、こんなアイデアは絶対に思いつけない。その置いてきぼり感というか、こいつやるな、みたいな気持ちが、自分のクリエイティブ精神の刺激になるんです。

僕は時計デザイナーでも何でもないので、勝手にライバル視しているだけなんですが(笑)。

でもたとえジャンルが違っても、「うわ、これすごいアイデアだな」というものに常に接しておくことは、自分のアイデアを磨く方法の一つだと思います。

この「キュピドン」は、ジュネーブに行ったとき、一目ぼれしてオーダーしてしまいました。もともとレディスなんですが、男がしていても、まったく違和感がない。

これを見たとき、一つの時計を男女で共有するというスタイルってありなんじゃないかとひらめきました。男物、女物と分けないで、恋人とか夫婦共有で二本買って、毎日交互

REUGE MUSIC の「シンギングバード」。小樽オルゴール堂で購入

につけ替える。そんな習慣を時計業界でつくったら、一つのマーケットチャンスになるんじゃないかと思った。

それでまた、頼まれてもいないのに〝僕のものは君のもの、君のものは僕のもの〟というキャンペーンを勝手に考えました。どうでしょうか、このアイデアは（笑）。

目指すものがすべて詰まったオルゴール

僕のオフィスにはワインセラーとかサッカーゲームとか、遊び道具がたくさんあります。部屋の中央には白い棚があって、これを僕はお手本棚と呼んでいます。僕がクリエイティブのお手本にしているものを、飾ってあります。

なかでも一番のお手本としているのは、シンギングバードと呼ばれるオルゴールです。

中国の皇帝が自分の鳥に美しい鳴き声を練習させるために生まれたものだそうです。

このオルゴールには、僕の目指すものがすべて詰まっています。決して大作ではない。小ぶりなんですが上質で、その上質さの中にものすごく多くの技術力が集約されていて、その技術力は人をサプライズするために使われる。そして何より、これを見た人が幸せな気持ちになれる。

クリエイティブのお手本として置いておくには、これまでにない最高のものです。

事務所があるマンションの一階には受付のお姉さんが二人いて、「これ知ってます?」と言って見せてあげたことがあります。

「ここ、押してみてください」と、箱の横についている小さな突起を押すと蓋《ふた》が開いて小さい鳥が出てくる。そして回転しながら「ピュ、ピュ、ピュ、ピュ、ピュ」って鳴いたあと、蓋がパタンと閉まる。

それを見た瞬間に二人とも「わあー」っとものすごく幸せな顔をした。そういう喜ぶ顔を見るのが、僕にとってはまた幸せになるんです。

たった数秒であんなに人を幸せにできて、後味がよくて、すごいなあと思って、見飽き

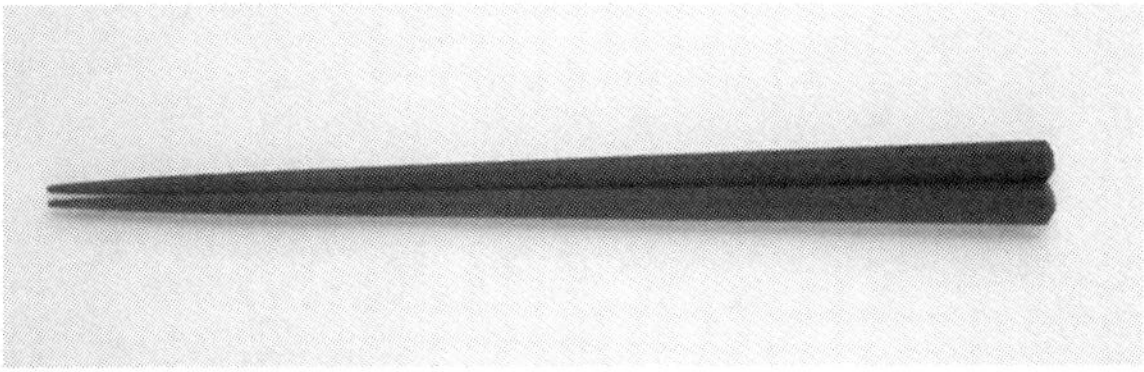
漆芸中島の江戸八角箸。これは上等の黒檀を使ったもの

ることがありません。

使うたびに感動する箸

クリエイティブのお手本と言えばもう一つ、すばらしい箸《はし》があります。

一膳、一万五千円と、ちょっとびっくりする値段ですが、持ってみるとずっしりと重く、かといって重すぎず、絶妙の重さです。そして、まるで自分の指の延長のような感覚でなんでも楽につまめる。こんにゃくの端って、普通、箸ではつまめないですよね。それがもう吸いつくようにつまめる。東京の佃島に住んでいる漆職人のおじさんがつくっています。「漆芸中島」というお店です。

さらにすごいのは、使っていて、先っぽの塗りがはげてきたりすると、ただでメンテナンスしてくれること。丸くなってしまったら、紙ヤスリで削って、また漆《うるし》を塗り直してくれるので、一膳の箸を一生使い続けることができるんです。

箸は、毎日最低でも一回、多いときは三回は使いますが、この箸は使うたびに心地よい。「あ、こんなに使いやすいのか」とか「こんなにつまめるのか」とか、使うたびに驚きがある。

箸で一万五千円というと高そうに思えますが、人生における使用頻度とのバランスを考えると、決して高くない。それどころか、すごく安いとすら思います。ちょっとしたワイン一本の値段で、毎日食事するときにこんなに気持ちよくご飯が食べられるかと思ったら、こんなに素敵なものはないですよね。

この箸を見つけたのも、ほんとうに偶然です。佃島をぶらぶら歩いていたら、ほとんどバラックみたいな、地震が来たらすぐつぶれそうな汚い家があった。その軒先に箸を並べて売っていたのが中島さんという江戸漆の職人でした。

自分のつくった箸と、市販の滑り止めのついた箸を並べて、ご丁寧にこんにゃくまで置いてあるんです。

「それつまんでみなさいよ」

と言われてつまんでみると、市販の箸ではつまめない。

「うちの箸でつまんでみてよ」

と言われてやってみると、もう吸い付くようにつまめるんです。

こういうものを見つけるのも、一つの「偶然力」だと思います。

一つの壁を七回塗る男

友だちに挟土秀平という、壁をつくる左官職人がいます。日光金谷ホテルのN35ルームの壁に飾ってあるオブジェは、その彼がつくってくれたものです。

僕は挟土秀平の仕事にはいつも感銘を受けるんです。

彼には僕が企画した「トリセツ」という番組にも出てもらいましたし、NHKの「プロフェッショナル　仕事の流儀」にも出演したので、ご存じの方も多いでしょう。

N35ルームのオブジェは、関西の、個人が建てた記念館の壁と同じものです。

ある高校生の男の子が、同級生からいじめられて、ひどいケガをして寝たきりになってしまった。彼は、その男の子のお母さんから、「この子のケガを風化させないために、校内暴力を風化させないために、記念館を造りたいから、そこの壁を塗ってください」と頼まれたんです。

最初は「そんなの塗れません」と、断ったそうです。でもずっと寝ている男の子に会い、その姿を見ているうちに塗ろうという気持ちになった。

まず、彼は、森の中に壁の素材をしばらく寝かせておいた。その上に自然に雨が降ったり、落ち葉が積もったりする。そうして寝た状態になっていた壁を、最後に立たせて固定して壁にした。「お前も一緒に起き上がってこい」という気持ちでつくったそうです。

僕はバーも経営しているんですが、そこの壁も彼に塗ってもらいました。

僕は壁なんて、一回塗ればそれでいいと思う。でも彼は違う。彼は一つの壁をだいたい七回は重ねて塗るんです。「それって何か違うんですか」と聞いたら、厚みが違うそうです。

表面は同じに見えても、一回か二回しか塗ってない壁と、七回塗っている壁とでは、質感が違うって言うんです。そういう職人の、妥協しない姿勢には僕はすごく感銘を受けます。

同じことをやり続ける人へのリスペクト

僕自身は、いろいろな仕事に手を広げ、広く浅く、興味のあるものからは何でも吸収してアイデアを出すタイプです。だからこそ、挟土秀平のような職人の世界に、すごく憧れるところがあります。

知り合いのカメラマンが新潟のお百姓さんを取材に行ったときのことです。お百姓さんの写真をたくさん撮って、最後に「今年のお米のできはどうですか」と聞いたら、そのお百姓さんは「いやわかりません」と言った。

「あなたたちは今まで何万枚って写真を撮っているだろうから、今撮れた写真がいいか悪いかってわかるかもしれないけど、僕はまだ米を五十回しかつくったことないんです」

と言ったんだそうです。

それを聞いたとき、僕はその謙虚さとひたむきさに心を打たれました。

写真のような人工的なものは何十年でも、何万回でもつくれるけれど、お米はどんな天才でも一年に一回しかつくれない。それを「まだ五十回しかつくったことがないからわかりません」と言えるような人生観に憧れます。

「漁夫生涯竹一竿」――これも僕が好きな言葉です。漁夫は釣竿一本あれば生きていける、地位や名誉など余分なものは捨てて自由に生きなさい、という意味です。でも今の自分に、それはまだ無理なんですね。

蒲田に「福竹」というお好み焼き屋があります。先日うちのスタッフみんなで行ったたんですが、そのおばちゃんが、いちいちうんちくを言いながら焼くので、この上なくうるさい。

「ほら見てみなさい。何で、ここ今、汁が出ていると思う？　この汁、あなた何だと思う？　何？　これ何？」

「卵ですか？」

「卵がこんな色している？　違うでしょ。水でもないでしょ。……ダシなのよ」

なんて調子で、これを全部のテーブルでやるんです。

あるとき、その店に行ったことのある友だちと、別の店で天ぷらを食べながら、

「オレたちがこうして天ぷらを食べている間も、あのおばちゃんはきっと怒りながら、お好み焼きを焼いているんだよなあ」

なんてしみじみ話したことがあります。

同じことを同じようにやり続けている人って、ほんとうに偉大だなと思います。僕は自分にそれができないのがわかっているから、逆に、いつも新しいことを考えなきゃと思っているのかもしれません。

新しい仕事を始める三つの条件

僕は何か新しいことをやろうと決めたとき、三つのことを考えます。

一つは、「それは誰かがやっていないか。すでにもうほかの人が同じことをやっているのではないか」ということ。

二つめが、「それは誰を幸せにするか」。

三つめは、「それが自分にとって面白いか」。

かっこよく言えば、この三つを満たす仕事が理想なんですが、現実はなかなかこの通りにはいきません。でも、とりあえずこの三つは考えます。

なかでも「それは誰を幸せにするか」ということは特に大切だと思います。

僕は、ある映画祭の審査員をやっていて、素人やセミプロがつくったショートフィルムをたくさん観る機会があります。

でも、誰のためにつくっているかとか、誰をどんな気持ちにしたいかが、あまり考えられていない作品がとても多い。自分のメッセージを伝えたいだけの作品というのは、やはりつまらない。観ていても暗い気持ちになります。

こういう投稿作に一番欠けている視点が、「誰をどう幸せにするか」ということなんですね。

よく、芸術とエンターテインメントの違いということが言われますが、僕は、芸術というのは、自分がやりたいことをやって、そこに人がついてくるものが芸術だと思う。だから、僕が一番やりたいことは、芸術ではないんだと思います。

自分にとって面白いことは確かに大事なのですが、自分が表現したいものだけを表現すればいいという気持ちはありません。やっぱり誰かのためにつくる。誰かを喜ばせるために、誰かに楽しんでもらうために、僕は表現したいと思います。

「視聴率八パーセント」の幸せ

僕が今、個人的に一番面白いと思うテレビの仕事は、視聴率八パーセントぐらいを狙う番組をつくることです。

よりたくさんの男性に愛されたくて八方美人になるときと、誰か一人の男に愛されればいいというときとでは、女性の態度は変わりますよね。

よりたくさんの人に受けたいと思ったら、どうしても自分の個性を薄めたりとか、みんなにいい顔したりしなきゃいけないから、人としては面白みに欠けてしまうこともある。

同じように、テレビ番組も、自分と共通の世界観がある人たちだけにわかってもらえばいいと思ってつくるときと、ゴールデンタイムの番組のように、そうじゃない人にもわかんなきゃいけないと思ってつくるときがあります。

たとえばワインの番組をやるときに、ワイン好きだけにわかってもらえばいいやという姿勢でつくると、視聴率はあまり上がりません。

逆に、ワインになんか興味がなく、普段ビールを飲んでいる人にもワインのことをわからせなきゃと思うと、視聴率は稼げますが、内容的にはどうしてもゆるい番組になってしまう。

自分はワインがすごく好きだから、ワインについてよく知っている人のためだけの番組というのは確かにとても魅力があります。でも、それをやることによって、予算が少なくなるとか、CMの枠が減ってしまうという状況だったら、番組は成立しない。いつも迷うところではあるんですが、そのへんのバランス感覚が大切なんですね。

でも、番組単体としてはあまり大きな成功にはならなくても、ワイン好きの人に信頼されることによって、ワイン好きのなかにいるお金持ちからの信頼を得られるというチャンスもある。ワイン好きのなかには、オーナー企業の社長が意外と多い。ということはそこにピンポイントでボールを打ち込むことで、そことのパイプをつくれる。

ある意味、いやらしいのですが、そういう番組のつくり方も可能性としてはある。テレビ局にとっても、僕個人にとってもメリットがあり、そうすることによって、また新たな展開が生まれるかもしれません。

こんなふうに、仕事には、きっかけをつくるための仕事と、それだけで完結させて結果を出す仕事と二つがあるんだと思います。

僕は仕事を始めた当初から、この二つを意識していました。自分の実績をわかってもらえるような「名刺になる仕事」と、「お金をもらうための仕事」とを、分けて考えていたかもしれない。

そういう、いわば修業時代を経て、今は、比較的自分がやりたい仕事を中心にやっています。

今、仕事のオファーを受けるかどうか決める基準は、一つは自分がやることが、先方にとってほんとうにいいことかどうか。まずこれを考えます。

あとは物理的にできるかどうか、間に合うかどうか。

一番のポイントは、お互いにとって幸せかどうかです。

たとえば、前にある航空会社から、機内誌でエッセイを連載してもらえないかという依頼が来たことがあります。僕はほんとうはとても書きたかったんですが、そのときのスケジュールからいうと、毎月一回のペースで、依頼された文字量で、毎回納得がいくものは書けないと思ったので、お断りしました。

機内誌は書店に並んでいる雑誌に比べれば部数が格段に少ないですが、機内誌を愛読するお客さんはセンスがよくて購買力がある人が多いので、ある意味、普通の雑誌に書くより、いろいろな点でずっと効果的なことがあります。数字で測りきれない価値の典型です。時間さえ許せば、双方が幸せになる仕事だったと思うので、今思い出してもとても残念です。

日本一仕事を楽しんでいるタクシー運転手

「きっかけはフジテレビ」というコピーがありますよね。僕、これはすごくいいコピーだと思うんです。

僕はメディアとは、まさにきっかけそのものだと思うんです。何気なく目にした番組、目にした記事によって、人生が変わることだってあるからです。

でもきっかけになるのは、メディアだけじゃない。何気なく食べた豆腐がメチャクチャおいしくて、将来豆腐職人になろうと思うことだってあるでしょう。知らないうちに自分が誰かの人生を左右するきっかけをつくっていることも、きっとあるはずです。

東京を走っている個人タクシーに、ジャズタクシーというのがあります。安西敏幸さんという人がやっていて、真空管のアンプを積んで、ジャズを流しています。

その人とは何かのご縁で知り合って、ラジオの番組に出てもらったりしているうちに仲良くなりました。

世の中にたくさんいるタクシーの運転手さんのうち、感覚でいえば六十パーセントぐらいの人は、いやいやながら仕事をしているような気がしますよね。「○○まで」と言っても、めんどくさそうな返事しかないことがほとんどですし。

でも安西さんは、ほんとうに楽しそうに仕事をしているんです。

なぜかというと、たぶんまず自分の好きな真空管アンプを車に積んだことによって、好きなものに囲まれて仕事することが可能になった。

しかもそれを聴いた人が「うわっ、これいい音しますね」って言った瞬間のうれしさ、喜びがある。

普通の営業ももちろんやりますが、最近は、このタクシーに乗りたいとか、このタクシーをデートに使いたいというご指名で、貸切営業がとても多いそうです。

そういう場合の特別コースとして、彼はお台場で、東京ジャズクルーズというコースを企画しています。自分で走るコースを設定して、お台場の一角を〝リトルニューヨーク区〟なんて名付けている。

タクシーの運転手さんって、夜食のおいしい店を知っていますよね。だから、以前、ラジオに出てもらったときに、安西さんに「おいしいラーメン屋教えてください」と聞いたら、

「いや、オレラーメン食わないんだよな」

「じゃ、夜何食べるんですか」

「う〜ん、パンなんだよね」

「パン⁉ どこですか、それ」

都心や京都の祇園にお店がある、モンシェールというパン屋さんがあります。一斤千円ぐらいするデニッシュ食パンで有名なのですが、その工場が東陽町にあるんだそうです。そこへ行くと、二十四時間いつでも焼きたてのパンを、すぐその場で売ってくれる。

安西さんの車に乗って、工場でデニッシュ食パンを買って、近くの〝リトルニューヨーク区〟に行って川沿いでアツアツのパンを食べる。すごく幸せな時間ですよね。

安西さんはいつもそんなふうにお客さんを自分のおすすめの場所に連れていく。東京タワーに行ったり、愛宕神社に連れてったり、最後に僕がやっているバーに遊びに来たりもします。ブログも書いていて、「今日はこんなお客さんが来た」なんて写真を載っけたりしています。

安西さんは、自分の好きな真空管のアンプを積むという、ちょっとした差別化によって、タクシー運転手という仕事をこんなに楽しめるようになった。安西さんを見ていると、小さなきっかけを生かせるかどうかで、人生の楽しみ方がこんなに違ってくるんだと驚きます。

バー「ZORRO」のオーナーに

今、僕は小さな店も経営しています。バーと、ビストロの二軒。友人たちとの共同経営です。

三年ぐらい前から、自分の店がほしいなと思っていました。

友人で、バーを持っている作家がいます。神楽坂に住んでいて、家の地下にバーがある。自分の家の地下にお客さんがやって来て、寝る前に一杯飲むなんて、うらやましいことをしています。

連れていってもらうたびに、自分もこういう店をやりたいなと思っていました。いいなと思ったのは、人がたくさん集まってくることです。だから、バーというよりも、人が集まる場所、サロンをつくりたかった。

最近、カッコいいお店や食事がおいしいお店はたくさんあるけれど、かつてのキャンティのような、サロンのようなお店は意外と少ない。お客さん同士で横の関係ができたり、そこに来たお客さんの間で何か化学反応が起きたりするような場がないのをつまらなく思っていたので、そういうお店をつくりたかったんです。

でも、店をもつこと自体は簡単ですが、結局、誰がやるのか、どういうお客さんが集まってくるのかという、人次第なので、実際には難しい。そうしたら、知り合いのバーのオーナーから店を移転させたいという相談を受けたんです。

僕が昔からよく通っていた店で、世田谷にある「CUE BAR」というお店です。オーナーが久芳《くば》さんだからキューバー。

その久芳さんが、世田谷のほうだとだんだん飲酒運転の取り締まりも厳しくなっていて商売にならないから、都心に移そうと思うと言うんです。

だったらうちの事務所の近所に店を出してください、そうしたらいつでも飲みに行けるから、と言ったんですね。

そうしたら久芳さんは、ほんとうにうちの事務所の近くの物件を探してきた。僕の前の事務所は狸穴坂にあったんですが、狸穴坂をおりたところにラブホテルがある。久芳さんは、その目の前にある物件を探してきたんです。

「ここでやろうと思います」

「ここはやめたほうがいいですよ。絶対ここよくないから」

「でも来週契約しようと思う」

「じゃあ、一週間待ってください。その間にどっか場所を探してあげるから」

それで僕は不動産屋に行って、

「バーをやりたいんだけど、変な物件を探しているんだ」

と聞いたんです。

変な物件というのは、たとえば屋上にあるプレハブ小屋のようなイメージでした。

「ちょうどおととい空いたとこがあるよ。景色は面白いんだけど、自動車修理工場だったからな」

「自動車修理工場？　かっこいいじゃないですか」

しかも場所は東京タワーの真下で、タワーを見上げるようなところ。

行ってみるとほんとうに自動車修理工場で、シャッターを開けたらもう油臭い匂いがする。

でも場所は抜群によかったので、久芳さんに「いいとこ見つけたから」と言って、そこへ連れていったんです。

「家賃がちょっと予算より高いんだけど、どう？」

「いや、これは高くて借りられない」

「でもここなら絶対うまくいきますよ。僕、お金貸してあげるから、ここにしたらどうですか」

そうしたら、

「いや、僕小心者なんで借金は……。じゃオーナーになってくれませんか」

だったら一緒にやりましょうということで、僕がオーナーになりました。東京タワーの下だから、最初は「タワシタ」という名で呼んでいました。

その顚末《てんまつ》は『フィルム』という短篇集の中の「タワシタ」という小説に書いてあります。実際にバーができるより小説のほうが先だったので、小説は設計図ならぬ、いわば「設計小説」です。

そして、グラフィックデザイナーの長友啓典さんにロゴのデザインをお願いした。そうしたら長友さんが、「Zで始まる店がええなぁ」って言い始めたんです。

「タワシタだってば」

「タワシタは、ちょっと浮かばんなぁ。Zがええな、Zが」

それで結局「ZORRO」、ゾロというお店になりました。

「偶然の連鎖」でビストロも

それから二年ぐらいたって、大家さんが「今度二階が空くんだけど、借りてくれないか？」と言ってきた。じゃあ事務所に借りてもいいし、あるいは何か違う使い方がないかなと思っているときに、また別の知り合いが、「店をつくろうと思うんだけど」と相談に来たんです。

「じゃあいいとこあるんだけど」と連れていったら、「ぜひ借りたい」ということになった。いろいろアドバイスしているうちに、「一緒にオーナーになってくれませんか」と言うから、また、一緒にやろうということになりました。

それで、今度こそタワシタにしたいと、長友さんのところに行って、

「長友さん、今度ビストロをつくるんですけど」

「Aで始まる店がええな（笑）」

「上がAで下がZ。A to Zでええなぁ」

「いや今度こそはタワシタですから」

と説得したら、ロゴを思いついてくれて、タワシタという店になりました。

こうして、はからずもお店を二軒、やることになったんですが、これもまさに「偶然の連鎖」ですよね。そして、こうやって店をつくることによって、僕が当初望んでいたように、いろいろな人と知り合うことができました。そのおかげでずいぶん世界が広がったと思います。

「タワシタ」と「ZORRO」は、僕が企画した「東京ワンダーホテル」「東京ワンダーツアーズ」というドラマのロケ場所にも使いました。

面白い人は面白い人を連れてくる

お店が人の集まるサロンになる条件の一つは、最初に自分が大切に思っている人たちに来てもらうということです。人は人が連れてくるものなので、やっぱり最初が肝心だと思います。

お客さんの数が増えることとか、回転率を上げることは目指していません。言ってみれば全員が常連みたいな感じです。お客さんが、自分と同じ人種が集まっていることを感じて安心することができる。

もう一つ大事な条件は、あの店に行ったら誰か面白い人がいるかもしれないという期待感を持たせること。気の合う人たちと秘密基地をつくるような感覚です。

お客さんにお店に対する愛着を持ってもらうために、机とか椅子とか、お店の備品は、常連になってもらいたい人たちに寄付してもらいました。だから、自分が面倒を見てやってるんだ、という気持ちで店にきてくれる人は結構多いと思います。

こういう、自分がやったことのないビジネスや新しいプロジェクトをやるのは、アイデアづくりの絶好のトレーニングになります。

だから僕は、まだ実現はしていませんが、ほかにもいろいろなプランを考えています。

たとえば店の中央に巨大な真っ白なキャンバスを置いておく。

そこにたとえば長友さんが来て、絵を描いて、酒代は絵で払っていく。次に来たお客さんがその絵を買ってくれたら、飲んだ分を引いた売り上げを長友さんに返す。そういうことをやってみたいんです。

カメラを置いて、写真家が来たときに酔っ払って写真を撮ってもらうとか、書道家が来たら、酔っ払ったときに書を書いてもらうとか。そういう、アーティストの遊びの場になったらいいなとも思っているんです。

テレビは欲望の塊

これは僕の持論なんですが、人間は罪に惹かれるというところがある。たとえば肉の脂身が体にいいと言われたら、あんなにおいしくは感じないはずです。体に悪いとわかっているからこそ、食べたくなる。

何ごとも、タブーのなかでやる喜びとか、快楽ってありますよね。

でも実際にいつもそればかりしていることはできない。だから特にテレビなんかは、そのなかで疑似体験することによって、自分のストレスを発散しているという部分があると思うんです。ホラー映画も近いかもしれない。

お笑い芸人が馬鹿なことをやるのも、自分がいじめたりいじめられたりするのはいやだけれど、人のは見てみたいという心理ってありますよね。お笑いは、そこをついてくるので、面白く感じてしまうんだと思います。

テレビってほんとうに欲望の塊みたいなところがある。人間のいい部分だけでなく、嫌な部分も、エロティックな部分も、すべて兼ね備えている。テレビに限らず、雑誌なんかもそうかもしれませんが、人間は、自分の陰の分身みたいなものをメディアに求めているのかもしれません。

満たされてしまうと、ひらめかない

アイデアがたくさん次から次へと出てくる人は、欲望がたくさんある人とも言えると思います。

欲というのは、自分の状況をよりよくしたいとか、楽になりたいとか思うことですよね。楽をするためにはどうすればいいんだろうと考えるのは、アイデアそのものです。

たとえばお金があればおいしいものが食べられる。じゃあお金を手に入れるにはどうすればいいんだろうと考える。欲がないと確かにアイデアは生まれてこないんです。

だからクリエイターは、ものすごく不満ではないにせよ、満たされすぎてはいけない。常にどこかに飢餓感がないといけないのかもしれません。

昔、萩本欽一さんがよく、「番組のスタッフの家庭は不幸じゃなきゃいけない」とか、「幸せなやつはダメだ」というようなことを言っていたらしいです。

その点、僕は環境的にはかなり満たされてしまっているかもしれませんが、それ以上に欲が強いんだと思います。もっともっと、日常をもっと面白くしたいと思い続けている。

僕は、あんまり非日常的なものがほしいとは思わないんです。

ＩＴ長者のように、夢のようなマンションに住んで、自家用飛行機を買ってなんてことは、ほとんど思わない。その代わり、何でもない日常に、もっともっと面白くなってほしい。

たとえば日常で使うお箸であるとか、腕時計一つであるとか、そういう細部に至るまで、もっといいものを求めたり、もっと楽しいものを求めたりするわけです。高級マンションを求めるより、こちらのほうが、逆にものすごく貪欲であると言えるかもしれない。

とりわけ、食べることは僕にとってはとても重要な欲望の一つです、だから僕は、いい料理を食べたときとか、たとえばおいしいお寿司屋さんに行ったときなんかに、「お金っていいいな」「お金って何て素晴らしいんだろう」としみじみ思うんです。こんなに素晴らしいものを、「たかがお金」で買うことができる。そんなときに「もっとお金がほしいな」と思います。

性に合わなかったスローライフ

ちょっと前に、スローライフをやろうと思ったことがあります。でも実際にやってみてこれはよくないと思って、「ファストライフ」に切り替えました。

ほんとうのスローライフを送っている人は、自分のスタイルを「スローライフ」とは言わないんじゃないでしょうか。スローライフという言葉は、僕にはどうしても、何か自分を怠けさせるためのキーワードというか、言い訳に聞こえてしまうんです。

何ごとも、ゆっくりやったほうが楽です。締切に追われないし、せこせこ仕事する必要もない。それを「怠ける」と言うとものすごく印象が悪いけれど、「スローライフ」と言えば、生き方のポリシーのようで、カッコよく見えるし、自分の気も楽になる。

僕がスローライフに憧れたのは、雑誌の取材でイタリアのピエモンテに行ったときです。ピエモンテはスローフードの発祥の地です。そのときの原稿には、「スローライフという生き方もある」なんて書いてしまった。ちょうどスローライフがだんだんはやってきたときだったので、僕も実際にやってみることにしました。あんまり忙しくならないようにするとか、のんびり生きるということを心掛けてみたんです。

でも僕はそういうスタイルに向いていない。長い旅に行っても、いろいろなことが気になるし、あんまり落ち着かない。「こんなにゆっくり考えるんじゃないんだよな、オレは」と不安になる一方だったんです。

僕の場合、やっぱり、走り続けていることで次々と刺激されて、アイデアが生まれる。その動きを止めてしまったら、アイデアが出てこなくなってしまう。

四六時中アイデアを考えているのが苦痛だったら、ファーストライフはやめたほうがいいと思います。でも僕のようにアイデアを考えるのが呼吸のようになっている人間には、スローライフは向かないんだと思います。

第4章 偶然力を鍛えよう

失敗を悔やまない、失敗に見せない

「オレ、最近、自分に負けているな」と思うのは、新しいことをやっていないときです。ローテーションの中でしか仕事をしていないとき。

毎年一つは、新しい何かを始めたい。それは何でもいい。バーをつくるでもいいですし、N35ルームをつくるようなことでもいい。もっといえば仕事じゃなくてもいいんです。「そうやっていろいろなことに手を出して、何でもうまくいくのはなぜですか」と聞かれることがあります。

もちろん、手がけるすべてのことがうまくいっているわけではありません。うまくいっているように見えているだけかもしれない。

でもそうだとしたら、それは、僕が失敗を悔やまないから、うまくいっているように見えるんだと思います。

実際はどうであれ、うまくいっているように見せることは、すごく大事です。「この人に頼めば、きっとまたうまくやってくれるだろう」と思ってもらえますから。

「暇だ、暇だ」と言っている人は、どんどん暇になっていきますよね。だって、暇だと言っている人に、人は仕事を頼みません。「忙しい」と言っている人に頼みたいのが人情です。だからたとえ暇でも、忙しいふりをしたほうがいい。

デートに誘われた女の子が、予定なんかないのに、「ちょっと待って……えーっと」なんて言ってかけひきするのと同じですね。

デートに誘って「いつがいい?」と聞いて、「いつでもいい」とか、「全部空いている」と言われると、「いいのかな、この子誘って」と思いますよね。逆に「その日はたまたま空いてる」と言われたら「おお、ラッキー」と思う。

僕は、失敗を失敗と思わないところがあるんだと思います。

よく「試合に負けて勝負に勝つ」みたいなことを言いますよね。

僕は二〇〇四〜二〇〇五年にかけて、「東京ワンダーホテル」「東京ワンダーツアーズ」というドラマを手がけました。インフォマーシャルという、番組との継ぎ目のないコマーシャルの手法があるのですが、その新しい形として、ドラマの中に、クライアント企業のオリジナルCMを盛り込んだ番組です。

視聴率からすると、ズバ抜けていい数字ではなかったので、世間的というか、対外的というか、数字の上では目立った成功とはいえないかもしれない。けれど、気分的には大成功だったなと思っています。

自分が信頼している周りの人からの評価や、自分の手応えといったものも、僕にとってはとても大事な成功のかたちです。自分が一番信頼している人に認められるというモノサシは、とても大切だと思うんです。

逆のケースもあります。たとえば対外的とか世間的には「うまくいったね」と思われているけれど、自分ではちょっと忸怩《じくじ》たるものがあるとか、あんまり人には言えないとか。たとえば番組で、自分はあんまり面白いと思わず、「あともうちょっとちゃんとできたのに」と思っているのに、視聴率が思いのほか取れたとか。逆のパターンのほうが圧倒的に多いんですけどね（笑）。

生き残れるのはブレない人

テレビの仕事でいえば、視聴率のような、数字だけを指標にしてものづくりをしていると、自分がどうしてもブレていきます。

テレビ業界には「分計」というものがあります。一分毎の視聴率のことで、これがギザギザのグラフになるんです。CMになると下がって、CMが終わると上がったりします。

稀《まれ》にCMのときでも上がることがあるんですが、それは大体の場合、裏番組が下がったからです。

人間って、そのグラフを見ると、つい、「上がっているところが面白いところなんだ」と思ってしまう。でもそれは正解でも何でもなくて、一つの数字的結果に過ぎない。

分計だけを基準にして、これをもっと伸ばそうとか、これはやめようとか、そういうふうに考えると、うまくいかなかった場合でも、自分の頭で考えて後悔しているというより、データだけで後悔しているみたいになる。

テレビ界における、現時点での明快な基準は視聴率しかありません。だから数字至上主義に陥るのは、ある意味やむを得ないことではあります。ただこれからの時代、お金を出すクライアントが、その基準を基準だと思わなくなったとき、視聴率は次第に価値を減らしていくのではないでしょうか。

今はまだ、たとえば新しい挑戦の結果を上司に報告するとき、「視聴率何パーで、パーコストでいくらかかった」という報告しかできない状況です。「いやこれ、視聴率は取れてないんですけど、受けたんですよ」というような報告はすごくしにくい。

でもいずれ、この感覚をわかっている世代がトップに立ったときは変わるでしょう。数字のマジックだけにこだわってものをつくっているクリエイターは、そのうち必ず行き詰まると思います。

マーケティングより皮膚感覚

僕はテレビの仕事を始めた初期のころ、「EXテレビ」というマーケティングの番組をつくっていました。そのときのメインコメンテーターが、村田昭治先生という慶応義塾大学のマーケティングの権威だったんです。

先生の話を聞いていて、「マーケティングって結局、人を説得するときの材料みたいなもので、マーケティングからアイデアが生まれるというよりも、アイデアを通すためにマーケティングがあるのかな」と思うようになりました。

それ以来、市場調査のような数字よりも、皮膚感覚というか、自分の手応えのようなものを信じているところがあります。

「今はこう感じるから、こういうものが面白いんじゃないかな」とか、あるいは「今自分はこれに凝っているから、こういうことをやりたいな」とか。

僕の性格は、昔の言葉で言うとミーハーです。常に何か新しいものがほしいと思っています。そういう意味では常に自分自身が大衆そのもの、自分が興味のあるものは、きっとほかの人も興味があるだろう、と思うんです。

僕は大衆的な感覚が、人よりちょっとだけ早いみたいです。

でもそれは、早すぎちゃ駄目で、ちょっとだけ先というところが大事。

昔、大学の先生に「お前のやってることはすべて旦那芸だ」って言われたことがあります。

旦那芸というのは、本気でやるのではなく、金とヒマに困らない旦那衆がちょっと遊びで長唄なんかかじってみる、いわば道楽です。自分でも確かにそうかもしれないと思いました。

僕はほんとうに飽きっぽいんです。何かを始めてもすぐ飽きてしまう。

飽きなかったら、こんなに次々といろいろな仕事に手をつけていないと思います。だからこそ、一つのことを極める職人をリスペクトする。

仕事をする以上プロ意識が大切とよく言われますが、自分をプロと言い切れるようになるには、僕はまだまだ早いんじゃないかなという気持ちは常にあります。

箸ひと筋の職人とか、五十年間お米をつくり続けているおじいちゃんとか、そういう人たちに比べたら、まだまだとてもかなわない。そう思う限りは、自分をプロと呼ぶのは僭《せん》越《えつ》だなと思います。

「覚える力」より「忘れる力」

でも、僕は同時に、自信家でもあります。「この道ひと筋」じゃないから、自分のつくったものに誇りがないかというと、それは全然違う。誇りはものすごくあるんです。人には言いませんが、何か企画書をつくったり、台本を書き上げたりするたびに、その直後は「ああ、オレって天才かもしれない」と思います。しばらくして読み返すと、ちょっと恥ずかしくなったりもしますが、完成したときは毎回、「天才かもしれない」と思う（笑）。

自己暗示みたいなものはあるかもしれません。でも、あんまり自分を批判しないということも、アイデアを次々に出すコツだと思います。

自分を批判しないのに加えて、反省ということも、あまりしないほうだと思います。何かうまくいかないことがあっても、引きずらずに、すぐ忘れてしまう。

「忘却力」って、ものすごく大切な力ですよね。覚える力以上に、忘れる力のほうが、ずっと大切だと思うんです。

人間に忘却力がなかったら、たとえば戦争だってもっとたくさん起こるかもしれないし。失恋して落ち込んだまま、ずーっと暗い人生を送ってしまうかもしれない。世の中大変なことになります。

過ぎたことを忘れる力があるからこそ、次の新しい発想も生まれてくる。

だからなのかどうか、僕はほんとうに物忘れがひどい。自分の書いたものを読んで、「これオレが書いたのかな」って言うこともよくあります。「面白いね、これ」なんて。

よく、どんな些細なアイデアでもメモして、常にメモが手放せない人がいます。でも僕はあまり欲張らないで、覚えていることだけ形にすればいいやって思うほうなんです。

実際の話、「うわぁ、何だっけなあ、いいアイデア思いついたのに」なんていうのは、あんまりいいアイデアじゃない。夢で見たアイデアなんかも、そうです。「うわぁ、いいアイデアだ」と思って、起きたら全然覚えてない。それは忘れてしまっていいものだから、忘れただけです。

だから、いつも枕元にメモを置いて、なんでも書き留めるようなことはしません。

「メディア」としての六本木ヒルズ

実は、最近、N35という会社のほかに、新しく会社をつくりました。

その会社は、「場所をメディア化する」ということを一番の目的にしています。

ちょっとわかりにくいかもしれませんが、ある場所に付加価値をつけてブランド化して、ゆくゆくはそこがメディア的な役割をすることを一番の目的とした会社です。

僕は今までずっと、テレビや雑誌の仕事をしていて、メディアというものが時代の最先端にあると思っていました。

でも六本木ヒルズができたときに、メディアを追い越して、場所のほうが最先端じゃないかなと思ったんです。

六本木ヒルズには、いろいろな人が集まってきますよね。そして、情報というのは、結局は人です。この面白い場所にいろいろな人が集まってくることによって、付加価値が生まれて、場所自体がメディアのような役割を果たしていく。

それはテレビや雑誌とかを読むよりも、ここに来たほうが面白い情報が手に入る、今という時代がビビッドにわかるということです。

六本木ヒルズができる前は、このあたりはテレビ朝日の敷地でした。だからよく知っている場所だったんですが、六本木ヒルズがオープンしたら、テレ朝の敷地でしかなかったところが、なんだか一つのブランドに変化したことに驚きました。

いろいろなショップがあって、レストランがあって、企業が入っていて、会員制のクラブもあったりして、そこにはいろいろな人が集まってきている。そして、ここで何か情報が発信されて、その情報にみんなが反応する。これって、まさにメディアですよね。

ヴァーチャル化が進行している今だからこそ、ネットやテレビの中にあるものよりも、実際に自分が行ける場所とか、手に取って見ることができるものとか、実態のあるもののほうが、強い。なかでも一番強いのが場所だと思うんです。

そういう、場所にブランド力をつけるような仕事をしてみたいと思って、新しい会社をつくりました。

新会社の名前は「オレンジ」

単に企画やアイデアをつくるのと違って、「場所」を動かすのは自分だけでは絶対できません。そこで、サポートスタッフや、その仕事を取ってくる営業とか、経理とか、ファンドを組むのが強い人とか、そういう人たちを集めて、プロジェクトを組みました。

会社の名前も、最初は「東京ワンダープロジェクト」にしようとしていたのですが、ふとオレンジという名称がひらめきました。

オレンジという名前は覚えやすいし、誰からも愛され、イメージカラーがものすごくはっきりしていて、アイコンになりやすい。

そしてオレンジって、まず飽きられることがありません。また色としても、人を元気にする色なんだそうです。

それに夜から朝に、また昼から夜に変わる空の色ってオレンジ色ですよね。曖昧のなかに一瞬だけ見える真実のように、人を感動させる。人も美しいと思わせる。人の心を揺り動かす。もうオレンジで決まりだと思いました。

でもただのオレンジにすると、ちょっとつまらないので、思いついたのが「オレンジ・アンド・パートナーズ」。

この会社では「オレンジ&○○○」というように、どこかとコラボレートしながら、何かいろいろなことをやっていこうと思っているので、「パートナーズ」なんです。

今オフィスを探しているところです。イメージでは、一階がオレンジジュース屋さんです。ここはあんまり儲からなくてもいい。

オフィスに帰ると、いつも「いらっしゃいませ」って可愛い女の子が待っていてくれて、「どうぞ」とオレンジジュースを出してくれる。そしてジュース屋のカウンターの裏に入っていくとオフィスになっていて、簡易テーブルがあって、そこで会議をやる。そういう物件を探しています。

新しく会社をつくると、会社の活動目的、つまり定款《ていかん》を書きますよね。「オレンジ・アンド・パートナーズ」の定款には、なんとかのプロデュースとか、なんとかのプロモーションとか、そういう文句の一番最後に、「果物、ジュースの販売」と書いてあります（笑）。

東京タワー二階の「カレーラボ」

会社を立ち上げたら、今、続々といろいろな仕事が舞い込んできています。

その一つが、今度東京タワーでやるカレー屋さんです。コラボレーションのパートナーは、東京タワーの二階で甘味喫茶みたいな和のカフェをやっていた会社です。

僕の知り合いがそこの社長になり、何かＩＲにつながる空間にしたいという依頼があったんです。

最初は東京中のお土産物を扱う売店にしようかと言っていたんですが、実際に東京タワーの二階を見に行ったら、客は修学旅行生とか子どもが中心で、周りに土産物屋がたくさんあるから、これはちょっとやめたほうがいいと思った。

それに代わる何かいいものはないかなと考えたときに、カレーの研究所はどうだろうと思ったんです。子どもから大人まで、誰にでも愛されるメニューといえばカレーですよね。

それで、たまたま友達で「東京カリ～番長」という料理ユニットをやっている人たちがいるので、「東京カリ～番長のラボラトリーをつくらない？」と誘ってみたんです。

そうしたら「今まで店を出店しないかという話はいろいろあったけど、ラボラトリーという発想はなかった。面白いかもしれません」と言ってくれて、「東京カレーラボ」を一緒にやろうということになりました。

そこでは、東京カリ～番長がカレーの研究をしているという設定です。インターネットのＷｅｂカメラで中継しているから、カリ～番長がそこに来ているときは、姿が見える。二十四時間のうち二十三時間は何も映ってないかもしれないけど。一時間は見えている。

そこではカレーも当然出すのですが、ほかに、「東京ばな奈」に代わる新しい東京のお土産を開発するという物語を考えました。

大事なのが、商品がこの場所で生まれたということ。東京タワーって、存在そのものに、ものすごく発信感がありますよね。東京タワーで生まれたカレーを使ったお菓子、カレーせんべいとか。そういうものをつくりたいと思ったんです。

ただそこのお店だけでつくるのはなかなか大変なので、まずは、いろいろなところとコラボしたカレーをつくろうという計画を立てています。たとえば今、若い男性の間でリクルートのR25という雑誌がよく読まれていますが、この雑誌のコンセプトを、「R25カレー」というカレーにしたりするわけです。

「場所」はこうして「メディア」になる

さらに、この東京カレーラボを舞台にして、番組をつくるプロジェクトも進んでいます。番組をつくるにはスポンサーがいるので、ある企業に声をかけたら、面白いと言って乗ってくれ、一社提供で東京カレーラボというラジオ番組をつくることになりました。

そのなかで、毎週一人ゲストを呼んで、その人の人生を聞きながら、その人のためのカレーをつくる。

たとえば、幻冬舎には見城徹という社長がいますが、見城徹カレーだったら、でこぼこのジャガイモがいっぱい入っていて見た目はごっつい（笑）、なんだか辛くもあり甘くもあり、複雑な味がする。でも食べてみるとハチミツ入りで意外と甘くて優しい感じ。そんなカレーです。

月曜日から水曜日までゲストの話を聞いて、それをもとに木曜日に東京カリ～番長がつくったカレーを、ゲストだけでなく公開録音に来ている人にも食べてもらう。好評だったら定番メニューとして売る。

そういう遊びの要素をとりいれて、毎週、毎日、そういう番組をやっていると、場所としての知名度が上がってきます。ただ普通にお店を出店するのと違って、だんだん場所がブランディングされて、そこに一つのメディア的な要素が生まれるはずなんです。

ほかには、たとえば何か新しい商品が出るとき限定で、その名前を冠した「なんとかカレー」をそのメニューの一つとして出すことも考えています。最近、渋谷公会堂がC.C.Lemonホールという名前に替わりましたが、そんな感じです、

僕、ラボっていう響きが好きなんです。イエラボというサイトも主宰しています。ラボラトリーは日本語で言えば研究所。常に進化している感じ、とどまってない感じが自分の志向に重なるんだと思います。

やっぱり「看板」は大事

ネーミング、それから看板の力は、すごく大きいです。

最近は、質実剛健をモットーにしていたような業界でも、デザインの存在がとても注目されるようになりましたが、デザインってやっぱりとても大切だと思います。

オレンジ・アンド・パートナーズの名前を考えて、最初みんなに話したときも、「うーん悪くはないけどねえ。まあいいんじゃないですか」ぐらいの反応でした。それが、ロゴをグッドデザインカンパニーの水野学さんにつくってもらって、それをみんなに見せたら、「これはいい」という反応になった。

形から入るというのは、重要だと思います。

最初、N35は、汚い雑居ビルの三階にありました。怪しげな階段を上っていったところにあって、今とは全然違う感じです。「探偵物語」で松田優作演じる主人公が住んでいるビルの屋上の家みたいな世界です。

そうしたら、普通の企業の人はやっぱり警戒してしまうんです。テレビの仕事はまだいいんですが、企業と向き合うにはデメリットのほうが大きかった。

その次に移ったのはマンションだったんですが、そこはそこで、普通のレジデンスだったので、落ち着きすぎてしまう。スタッフがしょっちゅう床で寝ていたこともあり、生活感が溢《あふ》れすぎてしまって、これもよくありませんでした。

今のオフィスは、大きなビルのレジデンス棟にありますが、かしこまりすぎてもいないし、くだけすぎてもいない。ここに来て、やっとN35も会社としてのスタイルができてきたように思います。

人生最高のチップを払う

N35のブログにも書いたのですが、最近、自分の「偶然力」を強く感じる出来事がありました。サンフランシスコに行ったときのことです。

どうしてもうどんが食べたくなり、すぐだからいいかなと思って、駐禁エリアに車を停めて食べに行ってしまったのですが、戻ってきたら、もう車がない。車がないどころか、違う車がどーんと停まっている。日本みたいに、どこどこに連絡しろなんて書いてありません。そこは正確にいうと駐車禁止ではなくて、トラックしか停めちゃいけないレーンだったので、僕の乗用車は見事にレッカー移動されてしまいました。

そして、そのとき僕は、車の中にすべての荷物を入れていた。ポケットに二十ドルだけ入れて車を出て、それでうどんを食べて帰ってきた。もちろんパスポートも車の中。有り金は五ドル紙幣一枚です。さすがの僕も、目の前が真っ暗になりました。

そうしたら一人の浮浪者がやってきて、

「朝から何も食ってなくて腹が減ってるから、三ドル九十九セントくれ」

と言うんです。

記念のメモはいま額縁に

なんだろうその数字はと思って見たら、横にハンバーガーショップがあって、チーズバーガーセットが三ドル九十九セントだったんですね。そこで僕はポケットにあった五ドルをあげて、

「その代わり、レッカー移動された車がどこに行ったか探してくれ」

と言うと、彼はまかしてくれと言って、消えていきました。

ところが五分待ってても戻ってこない、十分待ってもこない。うわ、こりゃ騙されたかなと思

いはじめたところで彼が戻ってきて、

「ここに行けばある」

と、しわくちゃになったメモ用紙をくれたんです。

それで、その住所まで、二、三十分歩いて行ったら、見事、車があった。

そのときに僕は人生で最高のチップを払ったと思いました。

車がレッカー移動されていなければ、彼との出会いもなく、そうしたら、こんな生きたチップを払うという素晴らしい経験もできなかった。車がレッカー移動されてしまうのは、僕の不注意であり、不運な出来事だったわけですが、やはり最後には必然につながる偶然だったんです。自分はなんて「偶然力」が強いんだろうと思いました。

この体験も、もちろん、大事なアイデアの種です。心のポケットに入れておけば、将来きっと何らかのかたちで実るはずです。

観る、話す、そして「信じる」

偶然力を鍛えようと思ったら、まず、観察だと思います。

ほんとうは、アイデアの種は誰のまわりにもたくさん散らばっているのに、みんな見逃しているんだと思うんです。

それから、とにかく人に話しかけること。これも、偶然力を鍛える格好のトレーニングになります。

先日も、ラジオの収録をやっていて、相手はアメリカ人の女の子なんですが、彼女の好きな、クリスピークリームドーナツというのが日本に今度来るというので、大喜びをしていたんです。

「私、大好物よ」

「そうなんだ、おじさん興味ないからそういうこと」

十九歳の女の子との会話ですから、収録のときはそれで終わりました。

その収録のあと、別の食事会があって、隣に座った人と話をしたんです。

「あ、どうも初めまして」

「何の仕事をするんですか」

「今度ねドーナツ屋やるんですよ」

「なんてドーナツですか」

「クリスピークリームドーナツです」

「！　今、二十分前にその話をしていたんですよ」

それがきっかけで、オレンジ・アンド・パートナーズの話をしたら、

「あ、それ、きっといろいろ頼みたいことが出てくると思いますので、遊びに来てください、オフィスに」と言うので、オフィスに遊びに行った。

行ったらその会社の一周年パーティーの日で、「よかったらこのあとパーティーやりますから来ませんか」と誘われ、ちょっと立ち寄ることにしました。

顔を出したら、ゲストのほとんどは家族連れ。肩身が狭いなと思っていたら、そこにちょうど超大物アーティスト夫妻が来たんです。その会社のもう一人の代表が夫妻と友だちということでした。

お二人とは僕も知り合いだったので、「お久しぶりです」と挨拶し、

「今日、実はカワムラというなかなか予約がとれないステーキ屋を事務所で借りきって、そこで食事会をやるんだけど、ちょうど二席空いているからサプライズゲストとして来ませんか」

と誘ってみたんです。ダメモトで声をかけたのですが、ラッキーなことに二人の予定が空いていた。

そこで、N35のスタッフには「今日はサプライズゲストが二人来るから」と言って、来たのが超大物アーティスト夫妻。もちろん、みんな、すごくびっくりしていました。

クリスピークリームドーナツが、大物アーティストに化けた(笑)。これも偶然の連鎖以外の何ものでもありません。

だから、偶然を信じるというのは大切だと思うんです。僕はいろいろなところで、驚くような人との出会いをよく経験して、人に話すと作り話だろうと言われるんですが、これも僕が偶然の力を信じているからなんです。

今目の前で起きている偶然に思えることを、すべて必然と思えるかどうか。

偶然力を一番鍛える方法は、自分には偶然力があると思いこむことだと思います。

偶然力で決断も早くなる

人の採用ということも、偶然力に大きく左右されるのかもしれません。

うちの事務所も、けっこう、入れてほしいという人が来ます。

そういう人を入れようかなと思ったことも何回かあるんですが、

「今日来れる?」

と聞いてみて、

「今日はだめなんです」

と言われると
「じゃあいいや」

と思ってしまいます。ひょっとしたら、すごく才能のある子かもしれないけれど、僕はそれをもったいないとは思わず、「きっと神様が、彼はだめだって言ってるのかもしれないな」と考えるほうなんです。

そうやって考えると迷ったり、後悔したりすることが減るので、物事の決断が速くなります。といいつつも、今日の弁当はどれにしようか、延々と迷ったりしていますが。

すべては未来への貯金

最近、絵本の翻訳の仕事もしました。

フランスで爆発的にヒットした絵本の日本語訳で、『まってる。』という題名です。もちろん難しい話ではなくて、シンプルな、すごくいい絵本です。

昔、文化放送で、「ミスDJリクエストパレード」という深夜放送をやっていた千倉真理さんという人がいます。僕は大学生時代、「ミスＤＪ」のＡＤをやっていたので、千倉さんとはそのときからの知り合いです。彼女が大学四年生で僕が一年生でした。

千倉さんはその後結婚して、フランスのパリに住んでいました。

千倉さんのお父さんは、千倉書房という由緒ある学術書の出版社の社長でした。でもお父さんが亡くなって、日本に帰ってこいという話になった。そこで千倉さんは、フランスの書店でたまたま見つけた絵本の版権をとって帰ってきた。

これを日本語に訳さなきゃと思ったときに、僕のことを思い出したとのことで、連絡が来て、翻訳をやることになったんです。

ここで、千倉さんに思い出してもらったことが、僕の「偶然力」かもしれません。出会う人はすべて、こうやって必ず意味があって出会っているんだと思います。

ちなみに日大の願書をくれて、僕の人生を変えたヒラタアキラとは、三十歳のときに再会しました。

そのとき彼はアーティストになっていて、東芝ＥＭＩからデビューしていた。それで僕は彼をメインにして、ニッポン放送でラジオ番組をつくったり、僕が作詞・ヒラタが作曲の曲をつくったりしました。今は本名に戻って、自分で活動しながら、サラリーマンみたいなこともやっています。

ササイチエコさんはまだ登場していませんが、それはきっと、彼女の順番がまだ回ってきていないだけで、きっと彼女とも再会できると、僕は信じています。

今目の前にあることは、すべて未来への貯金なんだと思って、一つひとつを大切にしていく。そうしていると、次に何かあったときに、これこそが偶然力だって思いますよね。

そう思うだけで日常はぐっと楽しくなるんです。

自腹を切ってでも自己PRを

僕が自分の好きなスタイルで仕事ができるようになったのは、やっぱり自分の名前で仕事ができるようになって、それから一段落ついたぐらいのときからでしょうか。

もし若い人に何か言うとしたら、もちろんその人のタイプによりますが、名前で仕事ができるようになるまで、徒弟修業みたいな期間が必要だということをアドバイスすると思います。

さらに大切なのは、いい人に出会えて、しかもその人が自分にとって重要な人であることに気づくということでしょうね。

同じ人にめぐりあっていても、それをチャンスにできる人もいれば、何のきっかけもつかめない人もいます。これは才能というより、多くの人に会っているうちに、経験によって鍛えられるものです。

それから、自分のことを人に覚えてもらうということも大切です。

これまでにも何度か登場した、うちのスタッフのウチダに、最初のボーナスをあげたとき、僕はその十万円を全額、有馬記念につぎ込めと言いました。

正確に言えば、「ボーナス代わりに十万円あげるから、その代わり有馬記念で三—五を買え」と言ったんです。事務所の名前がN35なので、三—五。さらにそれだけじゃなくて、これから毎年有馬記念は三—五を買え、そして、このことをどんどん周りの人に話すようにと言ったんです。

そうすると、その話を聞いた人は、毎年有馬記念の時期になると、ウチダのことを思い出しますよね。結果を知って、「ああ、またあいつ外れてるよ」なんて思うわけです。「ばかなヤツがいるんですよ。N35のウチダってヤツなんですけど、事務所の名前にちなんで、三—五を毎年十万円買ってるらしいですよ」

と、人の話題にのぼるだけでも、十分に意味のあることなんです。

そしてウチダの当たらない馬券は、僕がいつも「当たらない」お守りとして車の中に入れていた。ところが、去年、三—五が当たってしまった。そうしたらほかのスタッフが車をぶつけました(笑)。

たとえば十万円投じたとしても、それで自分のPRとか宣伝になると考えたら、それはすごく生きた広告です。いつか必ず返ってくる。未来への貯金というのはそういうものです。

ただしそれには、絶対自分が自腹を切らなければだめです。「また損してるよ、アイツ」と、感情移入してもらうには、くだらないことに自腹を切っているという、馬鹿さかげんが大切なんだと思います。

第5章 アイデア体質のつくり方

自分の軸を見失わないための銭湯通い

僕は銭湯が好きで、よく行きます。

昔から、アイデアに詰まると銭湯に行っていました。風呂に入ると不思議といい考えが浮かぶんです。

今でも銭湯にはよく行きますが、アイデアを得るために行くというよりは、自分の軸を見失わないために行くというほうが近いかもしれません。

常に原点を忘れないため、なんて言うと陳腐かもしれませんが、自分の軸足というか、生活の感覚を覚えておきたい。

いろいろな経験を積むにつれて、昔のことはなんでもダサく思えてしまったり、昔の自分を丸ごと切り捨ててしまいたくなったりしますよね。でもそれを忘れずに、しっかりと心に留めておくための場所の一つが、僕にとっては銭湯なんです。

僕は銭湯めぐりが趣味で、子どものころからよくお風呂屋さんに遊びに行っていました。大学時代もしょっちゅう銭湯に行っていたし、旅先でもその土地の銭湯や温泉に入りに行きます。

銭湯には、お客さん同士のいろいろな人間模様があります。それを観察するだけでも面白い。今、僕がよく行くのは、北区にある「稲荷湯」という銭湯です。僕の住んでいるところからは、わざわざ高速に乗って行くぐらい遠い。

なぜそこを見つけたかというと、あるとき、東京の銭湯で一番遅くまで営業している銭湯はどこかを調べたら、当時そこが一番遅かったからです。午前一時四十五分まで開いていたので、仕事が終わったあとに入りに行くには都合がよかったんです。

稲荷湯は、北区の滝野川という住宅街の中にある、昔ながらの銭湯です。

下駄箱に木製の鍵をかけて「男湯」と書いた暖簾《のれん》をくぐると、番台におばあちゃんが座っているようなところ。脱衣所に縁側があって、そこから金魚の泳いでいる池が見える。そして風呂の壁一面に、でっかい富士山の絵が描いてある。

初めて行ったとき驚いたのが、そこがとても清潔なことです。

建物自体は新しくないのに、脱衣所に髪の毛一本落ちていないし、タイルの目地まで磨き上げてあって、澄んだ熱いお湯が湯船からあふれ出ているんです。

すっかり気に入って、それから何度も行くようになりました。

単純な繰り返しから生まれる感動

ある日僕は、そこのおばあちゃんと、おばあちゃんの娘さんに、

「どうしていつも、こんなにきれいにしているんですか？」

と聞いてみました。そうしたら、

「実はおじいちゃんが去年亡くなったんだけれど、そのおじいちゃんがいつも、『人様からお金をいただく以上は、感動させなきゃいけないんだ』って言っていたんです」

と。さらに驚いたことに、その銭湯は、掃除がすみずみまで行き届いているだけじゃなく、水道水を一切使っていないんだそうです。

まず井戸水をくみ上げる。そしてそれを重油ではなく、薪《まき》で沸かす。薪で沸かしたお湯は肌あたりがいいので、温度が熱くても入れるんだそうです。

富士山のペンキ絵は、一年に一回、必ず職人さんに来てもらって描き替える。

桶《おけ》もプラスチックの黄色い「ケロリン桶」ではなくて、木の桶を使っています。

そしてその木の桶は、毎年十二月三十一日の営業が終わると全部回収して、薪にするそうです。

元旦はお休みして、一月二日に、まっさらな木の桶を置く。水分を含んでいない乾いた

新品の桶を床に置くと、高く澄んだ、カランカランという音がする。その音を聞くと、「ああ今年もお正月が来たな」と思うそうです。

その話を聞いたとき僕は、銭湯も放送作家も同じだなと思いました。サービス業とクリエイターと、業種は違っても、人を感動させなければいけないのは同じです。

稲荷湯の亡くなったおじいさんも、人を喜ばせるということに仕事の喜びを見いだしていた。その意志を、おばあさんと娘さんが受け継いでいる。そのことに感動しました。だから稲荷湯は、仕事に対する姿勢のお手本でもあります。そこへ行くたび、なんだか謙虚な気持ちになります。

この人たちの仕事は、簡単に言えば、毎日掃除してお湯を沸かして、お客さんを迎えるだけです。その単純なことの繰り返しで、こんなにも人を感動させられるのは、ほんとうにすごいことだと思います。

僕なんか飽きっぽいから、ひとつの仕事をやっているうちに、次々と違うことがやりたくなる。でもその稲荷湯の人たちは、自分の置かれた環境に不満を抱いたり飽きたりすることもなく、ほんとうに人を喜ばせたいという一心で働いていて、一人四百円ちょっとの入浴料をもらっている。頭が下がります。

だから年末になると僕は、「今年も一年間お世話になりました」と言って、お歳暮を持っていきます。ほんとうに感動させていただきましたという気持ちを、お歳暮でお返ししているつもりです。

深夜二時の絶品ピザ

稲荷湯を見つけたのは、まさに「偶然力」のおかげですが、「偶然は連鎖する」ものなので、さらに別の出会いを呼びます。

稲荷湯にうちのスタッフたちと行こうとしたある日、偶然、「アッシャゴ」という店を見つけました。

稲荷湯にはいつも車で行くんですが、その日は首都高速が渋滞していたので、下道で行くことにしたんです。北区の滝野川は、ちょうど巣鴨のとげぬき地蔵の商店街をずっと抜けていったところにあります。ところがいつもと勝手が違うものだから、道に迷ってしまった。

巣鴨のあたりをぐるぐる回っているうちに、一軒の小さな店が目に入りました。時刻は午前一時近く、周辺は電気が消えて真っ暗なのに、「ＰＩＺＺＡ　アッシャゴ」という看板が煌々《こうこう》とついている。店構えは昔の喫茶店というか、スナックみたいな感じです。

ここに入るとなにか面白いドラマが起こりそうだという空気を発している店でした。だから、もし帰りにまだ開いていたら行ってみよう、そう思って、ひと風呂浴びて帰りがけに覗いたら、まだ電気がついていたんです。

扉を開けると、五席ぐらいのカウンターとテーブル席が三つぐらいの狭い店でした。六十過ぎぐらいのオヤジが一人でカウンターの中にいて、客は二人ぐらい。

僕たちが入ろうとしたら、「もう今日は終わりだよ」と言われた。

しょうがないから帰ろうとしたら、何を思ったか、オヤジが店の外に出てきました。僕の車のナンバーを見て、

「お兄さん、品川ナンバー？　あっちのほうから来たの？」

「ええ、港区から来たんですよ」

「なんだよ、せっかく港区から来たんだったら、いいよ、食ってきなよ」

しかも僕たちがメニューを見る前に、

「とりあえず三枚食べてもらえれば、うちの実力がわかるから」

と言って、アンチョビとミックスとコーンの三種類を勝手に作り始めた。喫茶店みたい

な店構えからは想像つきませんが、ちゃんと一から生地をのばして、本格的なんです。

隣の席には、一人でビールを飲みながら、ピザをつまんでいるおばあちゃんがいる。

「おばあちゃん、元気ですね」

と話しかけたら、

「私はもう九十過ぎてるのよ」

「へえ、九十歳過ぎて、ピザ食べに来るなんて、すごいね」

「家族が寝静まってから、そろりそろりと抜け出して、ここでピザを食べるのが私の幸せなの」

後ろを見たら、カウンターに携帯電話を五台ずらりと並べてサンドウィッチを食べている若いニイちゃんがいる。

そのニイちゃんとオヤジがカウンター越しにしゃべっているのは、「今度の車はなにを買おうか」という話です。

「フェラーリはちょっとイマイチなんだよね」

とニイちゃんが言えば、

「じゃあマクラーレンとかブガッティがいいんじゃない」

とオヤジが答える。

カローラでも買うような調子で、一億円はする車の話をしているんです。一体この店はどういう店なんだろうと目配せしあっているうち、ピザが出てきました。

食べたら、抜群にうまい。

結局、ピザのほかにも、スパゲッティまで注文して食べて、店を出たのは三時過ぎぐらいでした。

「おじさん、おいしかったからまた来るよ」

と言って帰ろうとしたら、今度は、

「お兄さん、大沢食堂は行ってるの？」

「何ですか、大沢食堂って」

「なんだよ、大沢食堂知らねえのか」

なんでもこの近所に大沢食堂という、夜の九時に開いて朝の九時に閉まるという食堂がある。そこは大沢昇という元格闘技家がやっている店で、彼はキックボクサー時代、「キックの鬼」といわれた沢村忠の一番のライバルだった男です。

彼はもともと極真空手の出身で、大山倍達の一番信頼されている弟子だった。大山倍達が「大沢昇の十分の一でも練習したら、誰だってチャンピオンになれる」というぐらい、熱心な努力家だったそうです。

その大沢食堂で、強烈に辛いカレーを出すというんです。

「今までオレはここで二十六年ピザ屋をやって、ずいぶんたくさんの客に大沢食堂を紹介したけれど、今までそこのカレーを完食したヤツは、四人しか知らない」

「そんな大げさな」

「いや、ほんとうに辛いんだって」

「僕、辛さには自信があるから行ってみますよ」

と言って、午前三時くらいだったけれど、そのまま行ってみることにしました。

大沢食堂の極辛カレー

教えられた場所に行ってみたら、「大沢食堂」と書かれた提灯《ちょうちん》が下がっていて、「御食事処」の暖簾が風にはためいている。

扉を開けたら、客は一人もいなくて、オヤジがカウンターの中で一心不乱にキャベツを刻んでいました。

僕たちが躊躇《ちゅうちょ》していたら、オヤジは顔も上げずに、

「……いいよ、入りなよ」

「じゃあ、極辛カレー四つ」

と言った瞬間、オヤジの包丁がピタッと止まって、ゆっくりと顔を上げ、

「誰に聞いたの」

「いや、ピザ屋のおじさんに聞いたんですけれど、ここのカレーはうまいけど、とにかく辛いそうなんで、食べに来ました」

「あの野郎、また素人よこしやがったな」

なんて言う（笑）。

壁のメニューに、「カレー、並辛・中辛・極辛」と書いてあるのに、

「極辛カレーは出せない。もうこれ以上、人を傷つけたくないんだ」

「そんな大げさな、たかがカレーじゃないですか」

「いや、冗談じゃない。このあいだも、客が大丈夫だからと言うから出した。そいつは店の中では無事だったけれど、駅に着いてから倒れて救急車で運ばれたんだ」

つまり胃の粘膜が傷つくくらい辛い。本当かどうかわかりませんが、あとになって聞い

たところでは、胃の中にいるピロリ菌が死ぬぐらい辛いという説もあります。

それで、「食べさせろ」「だめだ」「いいじゃないか」「いや出さない」って五分ぐらい押し問答した挙げ句、

「じゃあわかった。一皿だけ出してやる。それ、みんなで食いな」

と、ようやく一人前だけ作ってもらえることになりました。

しばらくしたら、ちょっと赤みがかかったカレーが出てきました。それを目の前に置いた瞬間、湯気で目がチカチカする。

うちのスタッフの一番若いヤツに食べさせたら、すぐに音を上げたので、

「しょうがないなあ、大将が行くぞ」

と僕が食べました。

一口食べたら、うまいんですよね。なんだ、たいしたことないじゃないかと思った。

二口目を食べた。確かにうまいけれど、遠くのほうから辛さが自分に向かって走ってきているような気がする。

三口目を食べた瞬間に、その辛さが僕をすごい勢いで追い越していって、遥か手の届かないところに行ってしまった。もしも取り外しできるものなら、舌を取ってしまいたいく

らい辛い。

外に飛び出して、自動販売機で甘い缶コーヒーを買って飲んだんですが、辛さは治まらず、悶《もだ》え苦しみました。そこでオヤジが一言。

「だから言っただろう。素人はこれだから困るんだよ」

この大沢食堂での経験を、僕はラジオでしゃべったんです。こんなに辛いカレーを食ってみたくないかと。そうしたらリスナーの中でも、我こそはという、辛さに強い猛者《もさ》どもが何人も応募してきました。

その人たちを連れて、もう一度リベンジ決行です。

結果を言うと、五人連れて行ったうち、三人は完食したものの、二人は途中でギブアップしました。全部食べられた三人は、本当に辛さに自信がある人たちだったんですが、でもやっぱり、今まで食べた中で一番辛いと断言していました。

そういう経験が、今後何かにつながるかというと、別にどうもならないんですけれど(笑)。

眠っているシナプスに水をやる

でもこの大沢食堂は、コミュニケーションのツールとして使うと、とても威力を発揮します。

こういう変な店を知っていると、話のきっかけがつかめるし、「じゃあ今度みんなでそこに行こう」というのが一つのイベントになる。今まで何人もそこに連れて行きました。

そこに行くと何がいいかというと、連帯感が強まるんです。

同じ苦しみを体験した人同士って、ギュッと結束力が増しますよね。練習のきつい部活に入っていたメンバーとか、一緒に戦争に行った仲間が、その後も一生の付き合いになるみたいに、同じ苦しみを一緒に乗り越えた仲間には、強い絆が生まれる。

ですからそのお店にいろいろな人を連れて行くと、ものすごく距離が縮まります。

ある日、極真空手の館長とあるパーティーで一緒になったときに、ふとしたことで大沢食堂の話になりました。僕が「あそこのオヤジが作るカレーは辛いですよね」って話をしたら、

「大沢先輩をご存じですか」

「そんな、館長が『ご存じですか』って言うぐらい、偉い人なんですか？」

「自分は若いころ、大沢先輩に認めてもらいたい一心で、あのカレーを死ぬほど我慢して食いました」

今でも極真空手では、新人の度胸試しというか、一つの乗り越えるべきハードルとして、大沢食堂のカレーを食べるという儀式があるそうです。

人間にはもともと誰にでも備わっているけれど、使わないで眠っている感性があります。普段はほとんど使われていなくて、水がしみていないような、ひからびている神経があるとしたら、そういうところを、稲荷湯とか大沢食堂とかアッシャゴが潤してくれるような気がします。

いつも同じような刺激だけではなくて、いろいろなところから思いも寄らない刺激を受けたほうが、さまざまなアイデアが出てくる。そういう普段使っていない脳の細胞、シナプスの乾いているところに水を染み込ませる行為が旅だと、僕は思うんです。

旅先では、普段絶対使わない部分を、否応なしに使わなきゃいけない。そういう意味では、外国に行けばもちろんですし、深夜の大沢食堂に行くのも、すばらしい旅ということになります。

書斎は狭いほどいい

仕事柄、財界人が集う会員制クラブのようなところに行くことがよくありますし、入会を勧められることもあります。でも、僕、そういうところは、あまり得意じゃない。そういうクラブのサロンは、立派で広すぎて、あまり人との出会いには向かないような気がするからです。

空間が快適すぎたりおしゃれすぎたりすると、かえって横のつながりが持ちにくい。一杯飲み屋や屋台では、ぶつかりそうになって謝ったり、小さいテーブルをみんなで使ったりしますよね。コミュニケーションって、そういう中から生まれるものだと思うんです。だから僕の店の「ZORRO」は狭いし、「タワシタ」も比較的狭い。

不便さが何かを生むことって、あると思うんです。逆に完成されすぎた空間にいると、発想が受身になる。不便な中ではみんな工夫をして、能動的にその空間と向かい合うけれど、快適すぎたり便利すぎたりしたら、全部乗っかっていればすんでますから。

快適すぎると、アイデアとか発想というものは、浮かびにくいような気がします。僕自身、グランドハイアットとかパークハイアットとか、いいホテルにゆったりと滞在していても、あんまりいいアイデアは浮かびません。むしろ、ちょっと居心地の悪い、狭いビジネスホテルみたいなところのほうが、仕事がしやすい。

だから僕は書斎は狭いほうがいいといつも思っているんです。

自分の周囲に広い空間があると、目の前のことに意識を集中させるのは、すごく難しい。せっかくの集中が外に放出されてしまう。天井が高すぎるような空間では、思いついたことが全部抜けていくような気がします。

でも体のまわりを壁に囲まれているようなところなら、たとえ四方八方に気が散っても、全部壁に跳ね返って戻ってくるようなイメージがあります。

ですから僕の憧れは三畳の書斎。今度自分で家を作るときは、三畳の書斎を作りたい。それどころか、もっと狭くてもいいくらいです。

発想の質や量と、環境の広さや豊かさは比例しないと思います。

くつろぎや癒しが目的のときは、やっぱり広いほうがいいかもしれないし、ゆったりできるかもしれない。でも発想を生み出すという点では、あまりよくないような気がする。

社長室なんかも狭いほうがいいかもしれません。社長室ってみんな、広くてゴージャスで椅子も座り心地がいいけれど、重要なことを決断しなければいけないときには、クリエイターブースみたいな、閉鎖的な空間のほうが適しているような気がします。

僕は高校時代、全寮制の学校に通っていました。寮の机はほんとうに狭くて、肩幅よりちょっと広いくらいのスペースで隣と仕切られています。究極の一畳書斎みたいなものでした。でも、そこではすごく勉強がはかどったのを覚えています。

努力は人が寝ているうちに

僕は人が眠っている時間に仕事したり、勉強したりするのが好きです。これは高校時代、寮に入っていたせいかもしれません。

全寮制というのは、みんながどれくらい勉強しているか、全部バレてしまいます。普通の学校だったら、家に帰ってから何をしているかはわかりません。勉強しないふりをしていながら、ちゃっかり勉強しているヤツもいるし、勉強しているのかなと思ったら遊んでいるヤツもいる。でも寮では、全部見たまんまです。

「あいつは勉強しているなあ」というヤツは、やっぱり、人よりたくさん勉強している。

僕は朝早く、みんながまだ寝ている間に起きて、勉強するのが好きでした。それは「うさぎと亀」の亀みたいに、みんなが寝ている間に少しでも先に走っておこうという感覚です。だからみんなが寝ているときほど、しめしめと思って、集中できました。性格、悪いですね。

そのせいもあって、いまだに僕は人が寝ている間に仕事をすると、ものすごくはかどるんです。

ですから飛行機の中で、ほかの乗客がみんな寝静まっているときに自分だけずっとライトをつけて仕事をすると、ものすごくはかどる。「勝ったぞ」みたいな気になる。何に勝ったんだかよくわかりませんが（笑）。

僕は時差ボケが苦手なので、海外に行くときは、いつも大体三日くらいで帰国してしまいます。行き先がニューヨークとかパリなら、たいてい一泊です。そのぐらい短期だと時差ボケになってる間がありません。

往復の飛行機代を考えたら、一泊で帰ってくるなんてもったいないと思われるかもしれませんが、往復の機内で集中して発想できることを考えたら、もったいなくない。

周りに見るものもない、集中できる狭い空間で、好きに仕事ができて、呼べばいつでも秘書がコーヒーもワインも持ってきてくれる。仕事をする空間としては、理想的な環境です。

人が寝ている間に自分はこんなに次々とアイデアを考えているんだと思うと、それが励みにもなります。

周りに何もない海の上を船が走っていても、それほどスピードが出ているようには見えませんよね。なぜなら、周りになにも目印がないからです。

でも自動車で道路を走っていると、周りの風景があるから、同じスピードでもすごい速さで進んでいるように見える。プールよりも海で泳ぎ続けるほうがつらいのは、一生懸命泳いでいるのに、進んでいるのか進んでいないのかわからないからです。

そんなふうに、何か比較する対象物とか目印を置くことによって、「自分は今どんどん走っているんだぞ」「頭をフル回転させているんだぞ」と自分にわからせたほうが心理的に楽に進めます。

だから、人が眠っている間が、僕の努力タイムなんです。

神様にフェイントをかける

前に、アイデアとかひらめきは、自分の力でひねりだすものではなくて、神様が降りてきて授けてくれるような気がするという話をしました。

でも、神様が降りてくるのを待つだけじゃなく、ときには「神様を裏切ってみる」ことも大切です。

神様が人間の運命をあらかじめ決めていて、僕たちはその通りに生かされているとしたら、思いがけない行動をとることによって、神様にフェイントをかけることができる。そうすることによって、絶対何かが生まれると思うんです。

たとえば、朝、駅のホームで通勤電車を待っている間に、反対側の電車に乗って、どこかへ行ってしまいたいと思うことってありますよね。

神様は「お前は絶対そんなことしないだろう」と思っている。この場合の神様というのはつまり理性だと思うんですけれど、そこを裏切って、乗っちゃうんです。

その電車に乗ったことによって、一生忘れられないエピソードが必ず生まれるだろうし、脳の普段使っていない部分がフル回転する。サラリーマンも、出張のときだけ遠くへ行くんじゃなくて、ふと思いついていつもと反対方向の電車に乗ってみるようなことを、どんどんやったほうがいいと思います。

日常というものは、誰にとっても、多かれ少なかれ、窮屈なものだと思います。でもその窮屈さにいつも甘んじていると、発想の芽を自分から摘んでしまうことになる。

日常のことを一生懸命クリアしようと思っているだけだと、それだけでもう、いっぱい

いっぱいになってしまって、それ以上のことは浮かんでこないんじゃないかと思います。

だからあえて自分らしくないことや、思いがけないことをやる。そうすることで日常の閉塞感を打破できたり、発想につながったり、あとあと自分の人生を変えたりすることができる。

そういう意味で、いろいろな経験をしている人のほうが、どんどん雪だるま式に面白いことをつなげて、成功していくのではないでしょうか。

窮屈な日常にいかに風を通すかは、アイデアが生まれるための大きなポイントだと思います。

二十六歳でポルシェを買う

神様にフェイントをかけるには、「絶対こんな高いもの買わないだろうというものを買う」ということも、大いに効果的です。

「オレこんなもの買っちゃって大丈夫かな」というくらい、清水の舞台から飛び降りるというか、ヒヤッとする経験のなかから、なんだか新しい世界が開けてくることもあると思うんです。

僕の経験でいえば、一つは前にも紹介した、シンギングバードのオルゴールです。あれは小樽のオルゴールショップで買ったものですが、三十二万円でした。

あとは二十六歳くらいのとき、オヤジに借金して買ったポルシェです。もちろんあとでちゃんと全額返しましたけれど。

どうして借金までして買ったのかというと、世の中にこれだけポルシェがたくさん走っているのに、ポルシェ一台買えないで終わる人生なんて寂しいと思ったからです。

ずっと憧れ続けていてもしょうがない。もしそれでお金に困って手放す羽目になるならそれはそれまで。「ポルシェに乗ることが日常」という生活のレベルをともかく一度体験してみたかったんです。

そこでオヤジに電話して、一千万円貸してくれと頼みました。

「一千万で、何をするんだ」

「ポルシェを買う」

そしたら、当時は湾岸戦争をしていたころだったんですが、

「お前はフセインより常識がない」

と言われた。

そのころアメリカの大統領は、お父さんの方のブッシュだったので、

「でもブッシュだったら賛成してくれると思うよ」

と切り返したんです。

すると次の日、オヤジから電話がかかってきて、一千万、振り込んだからと言うんです。

なんで、どうしたのと尋ねると、昨日オヤジは友だちのマツオさんと一緒に飲んだという。

「聞いてくれよマツオくん、バカ息子がこんな分不相応なこと言って、オレは悲しい」

そうしたらマツオさんに、

「そんな、自分の息子を信じないでどうする」

自分の息子を信じるのが父親だろうと言われて、それで信じることにしたと。

夢は金を出してでも買え

実際にポルシェを買ってみてよかったことは、知らない世界を覗けたということです。

ポルシェに乗っている人たちとつながりができた。いろいろな会社の経営者とか、今まで自分が付き合ったこともない人たちと付き合うことができるようになりました。

その人たちの間では当たり前のことでも、当時の僕にとってはちょっと雲の上の話みたいなことを経験したりした。

この世界、自分で体験してみないと、わからないことはたくさんあります。

憧れだけで終わっていたら、逆に、国産車のよさが見えないんじゃないかと思う。こう言ったら偉そうですけれど、上のレベルの世界を見たことによって、実は下にもいいところがあるのが見えてくる。

確かに高いものはいい。いいのは間違いないけれど、なにもずっと上ばかり見なくても、ここにもすごくいいものがたくさんあるじゃないかということに気づいた気がします。

「顰蹙《ひんしゅく》は金を出してでも買え」というのが幻冬舎の社長の信条だそうですが、僕は「夢は金を出してでも買え」と言いたい。

金ごときで買えるものだったら、買っておけばいいと思うんです。

それくらい、どんなことでも、自分自身で経験してみることには価値があると思います。

京都観光がワインの金平糖に

十年くらい前、京都に行ったときのことです。

ふつう京都に行ったら、名所旧跡を観光します。でも僕は観光があまり好きではないから、大体いつもタクシーに乗って、運転手さんに「変なとこ行ってくれ」と言うんです。普通の観光じゃない観光がしたいから、普通の観光客が行かないようなところに連れていってくれるように頼むんです。

そうしたらその運転手さんが、じゃあ友だちが金平糖屋をやっているから、そこに連れてってやるよと、「緑寿庵・清水」というお店に連れて行ってくれた。そこで普段は見せない工場のほうまで見せてもらいました。

僕はそこで初めて金平糖の作り方を知りました。三十度ぐらいに傾けた巨大な回転する釜をガンガン熱する。そこへ米粉という米の芯、昔はけしの実だったそうですが、それを入れる。その回っている粉に蜜を少しずつかけていくと、まわりに蜜が固まって、トゲトゲというか角ができてくる。

完成するまでに、二週間くらいかかるそうです。ああ面白い、金平糖って深いなあと思って、そのお店の人と友だちになりました。そのときは、とりあえずそれで終わり。

それから五、六年たって、あるフレンチレストランに行ったときのことです。

ソーテルヌという甘いワインがあるんですが、それを飲んでいるとき、緑寿庵のことがふと頭に浮かんだ。

この甘いワインで金平糖を作り、フランス料理の最後にプティ・フールとして出したらものすごくおしゃれじゃないか。そう思って、京都まで訪ねていきました。

「前に来た者ですけれど、こういう金平糖を作ってもらえませんか」

と尋ねてみると、

「実は、酒に弱いんで、だめです」

と断られました。でもそれからしばらくしたら、ソーテルヌはだめだったけれど、赤ワインで金平糖を作ったという連絡が来ました。

それが「ロマネ・コンペイトウ」というんです（笑）。

仲間内でこれはいいなという話をしていた矢先に、全日空の人から機内販売で売れる商品を開発してくれという依頼が来た。

「じゃあ全日空のファーストクラスで出すワインを使って、金平糖を作ったらどうですか」

と提案しました。

そのとき初めて気がついたのですが、機内販売というのは、あの客室乗務員が持っている小さなカート、あそこに何万円分の商品が詰まるかによって、当然のことながら、売り上げが大きく変わってきます。

その金平糖は百グラム五千円で、お菓子としては高いけれど、機内販売で扱うもののなかでは単価が安い。ボトル型の容器が、さらに桐の箱に入っていて、大きさは腕時計のケースの三倍くらいあります。

その金平糖を四箱積む代わりに、一個十五万円のブルガリの時計を十二箱入れたら、最大百八十万の売上が見込める。でも五千円の金平糖が四箱だったら、最大二万円の売上にしかならない。

採算だけを考えるとかなりのマイナスなんですが、全日空の担当者が面白がってくれ、絶対に話題になるからやろうという話になり、機内で売り始めることにしました。

金平糖が化粧品会社のCMに

それで僕は全日空に乗るたびに、自分でもその金平糖を買っていたんです。ついでにクルーの人に「売れてますか」って聞いたりもしていました。

ある日ニューヨークから帰る途中、いつものようにそれを買おうと思ったら、

「申し訳ありません、今日はファーストクラスのお客様で、あの商品を買い占めていく方がいらっしゃるんです。とてもお好きらしくて、いつも乗るたびに全部買っていかれるんです」

「じゃあ、お礼を言っておいてください」

と伝言してもらったら、またフライトアテンダントが来て、

「そのお客様が、小山様とお話ししたいとおっしゃっているんですけれど」

そしたら中年の男性がやってきて、

「いやあ、ほんとうにおいしいですよ。ありがとう、いいもの作ってくれて」

「いいえ、どういたしまして」

「僕はいつも買っているんでね、たくさん持っているから、小山さんに二つプレゼントしますよ」

と言ってプレゼントしてくれました。

その人は化粧品会社の仕事をしている人でした。それが縁で、ある化粧品のブランドを立ち上げるプロジェクトに入ってくれないかと言われ、そのCMをやることになった。

思えばこの出会いも、京都でタクシーを拾って、運転手さんに変なところへ連れていっ

てくれと言わなかったら絶対になかったことです。

ほんとうに、偶然の連鎖が必然になったという感じです。

これは、たまたままいたアイデアの種が実った一つのケースです。

もちろん実っていない種もたくさんあります。でも自分はあまり歩留まりのようなことは気にせず、一つでも多く面白い種を拾うつもりで、いろいろと変なことしています。そうやって、なんとなく種をたくさん拾っておくことが、偶然を必然に変える秘訣だと思うのです。

アイデアのキャッチ・アンド・リリース

でも拾った種に丁寧に水をやっても、必ず芽が出るとは限りません。

これはエッセイでも書いたことがあるんですが、うちでバーベキューをやったことがあります。

そのとき湘南に住んでいる友だちが、生きたサザエを買ってきてくれました。

ところが最後の肉を食べ終わったころ、サザエを食べていないことに気がついた。バケツに塩水と一緒に入れたまま置きっぱなしにしていて、忘れていたんです。でももう火をほとんど落としてしまったし、おなかもいっぱい。

じゃあ次の日食べようと言って取っておいたんです。

ところが一夜明けたら、サザエと僕の間に、一つ屋根の下で夜を明かしたという仲間意識が芽生えてしまった（笑）。なんだか食べるのは、かわいそうだという気持ちになってしまって、次の日、車で海に返しに行きました。「元気でな」と言いながら、サザエを一個ずつ海に投げた。

そのとき僕は、きっとサザエが将来、何かの姿を借りて恩返しに来るような気がしたんですけれど、まだそれらしいことは起きていません。

コガネムシやカナブンを逃がしてやると、将来お金持ちになるという言い伝えがあります。僕は子どものころ、その話を知って、コガネムシやカナブンをわざわざ捕まえては、「よかったなお前は、オレみたいな人間に捕まって。きっとお金を持って帰ってこいよ」と言いながら逃がしていました。

今も子どものときと同じで、アイデアのきっかけを捕まえてはまた放すということをくり返しているのかもしれません。

こんなふうに、僕のアイデアはあちこち寄り道しているうちにわいてくるものなので、

「○○のために△△を考える」というように、目的に向かって直線的ではない。

とにかく種をいっぱい拾って、その種をふさわしい畑にまいて、どれか発芽しかけたときに、自分の今やっているところに引き込んで膨らませるというやり方といえます。

アイデアを話してもらえる人になる

アイデアの種に気づかせてくれるのは、クリエイティブのお手本である「物」であったり、銭湯などの「場所」であったり、京都のタクシーの運転手とか「人」であったりします。

なかでも人とのつながり、いわゆる人脈は大切だと思います。

でも、たとえば異業種交流会などに出て、名刺を配りまくるという行為は、あまり効果がないんじゃないかと思います。

どんなにたくさん知り合いがいても、意味のない百人の知人をつくるよりは、意味のある三人とつながっていたほうが、いいアイデアが生まれると思います。

誰だって、大して絆も深くないただの知り合いに、いいアイデアをあげようとは思わない。逆に向こうもこちらにアイデアを期待しないでしょう。

僕の知り合いですが、あるメーカーでずっと営業畑だった人が、宣伝部長になりました。そのとき彼が、どうして営業しかやったことのない自分がいきなり宣伝部長になったのかを考えてみた、と話してくれました。

今まで宣伝部長というのは、あぐらをかいてアイデアを持ってこいとふんぞりかえっていれば通用した。でも考えてみれば、そういう人に飛びきりのアイデアを持っていこうとは思わないのが人情ですよね。

いいアイデアを思いついたら、まずあの人に持っていってあげたいと思わせなきゃいけない。だから「発注」するのではなく、一番いいアイデアを「譲っていただく」という姿勢で仕事をしていくつもりだと、彼は話してくれました。そこでは当然、彼が培った営業的なセンスが物を言います。

実際、僕もこの話を聞いて、今度いいアイデアが浮かんだら、真っ先にこの人に持っていってあげようと思いました。

何もかも全部、自分でアイデアを出せる人だったら、そんなことに気を遣わなくてもいいのでしょうが、でも、そういう人はめったにいません。僕だって、やはり自分だけで考えるよりは、人のアイデアと自分のアイデアをドッキングさせてかたちにすることのほうが圧倒的に多い。

それなのに、「あいつに面白いアイデアは言いたくないな」と思われたらアウトです。

全部を自分で考えなくても

今度、南極の仕事をすることになりました。

これもやっぱり、自分以外の人のアイデアがなければ生まれなかった仕事です。

大平貴之さんというプラネタリウムのクリエイターがいます。彼が、南極の星空を見られるプラネタリウムを作りたいと思ったとき、これを僕のところに持ってくれば、さらに面白くなるんじゃないかと考えてくれた。

僕はこれから、このプランがどうすれば面白くなるかを考えるんです。

たぶん自分だけでは、絶対に南極の夜空を見るプラネタリウムを作ろうなんて思いもつかない。でもこのアイデアをもらったことによって、いろいろなことを考えるわけです。

たとえば東京駅構内のドーム天井に南極の夜空を再現したらどうかとか、どこかのスポンサーをつけて、南極の星空を見ることのできる空間を都内のどこかに出現させたら、みんな来たがるんじゃないかとか。

ですからアイデアを発信する人間であると同時に、みんなが安心して球を投げられるキャッチャーでなければいけない。

「あいつのところに投げたら、ちょっとした暴投でもうまく取ってくれる」

「強敵バッターがいても、彼がキャッチャーだったらうまくリードしてくれるんじゃないか」

というようなスタンスも持っていなければいけないと思います。

自分はピッチャー型ではなくキャッチャー型だから、アイデアの才能がないと思っている人がいれば、それは間違いです。人のアイデアを上手にリードして、それを大きくすることも一つのアイデアの才能です。

僕もそうですが、放送作家というのは意外とみんなキャッチャータイプが多い。

まずプロデューサーとかディレクターが、こういう番組をやりたいというボールを放送作家に投げ、それを返すという感じの仕事をする人が多いようです。

僕もそうすることによってアイデア力を鍛えてきたところがあるかもしれません。

最終地点が見えているか

クリエイティブな仕事をしたいと思っている若い人たちに対して、何かアドバイスするとすれば、言われたことだけするのではなく、何のためにその仕事をするのか、目的をはっきりさせることが大事だとわかってほしいと思います。

これをやれと言われたからやるというのではなくて、そのプロジェクトを客観的に俯瞰して見て、何のためにこれをやるのかなと考えること。たとえば、このプロジェクトはお金を儲けるためにあるのか、会社のブランドを作るためにあるのか、といったことです。

そうやって、やれと言われたことの目的、最終地点はどこなのかをきちんと見定めないかぎり、いいアイデアは生まれないように思います。

たとえば上司に、大阪まで行く新幹線の速いのを見つけろと言われたら、ただ時刻表を見て切符をとるだけじゃなく、この場合は何が一番大切なのかを考える。

一刻も早く着くことが大切なのか。だったら新幹線じゃなくて飛行機のほうがいいんじゃないか。

あるいは上司は何のために早く行こうとしているんだろうと考えて、リサーチする。ミーティングの時間よりも早く大阪入りすることによって、そこでおいしいものを食べようとしているのか。だったら速い新幹線を探すよりは、飛行機で行って伊丹空港の近くのうまい店を紹介したほうがいいんじゃないかとか。

そのミッションで一番大切なことをまず見極めて、それを成就させるためにどうすればいいかを自分なりにつかむ。いいアイデアというものは、その上に成り立つものだと思います。

プライオリティは常に入れ替わる

自分の会社のスタッフと仕事をしていても、コイツ最終地点が見えてないいんじゃないか思うことが少なからずあります。

たとえば僕が、来週の火曜日にクライアントにプレゼンするから、金曜日までに企画書を書いてくれと命じた。でもそれが、土曜日の今日になっても書けていない。

「じゃあ、いつまでに書ける？」と聞くと、「今日の夕方までに書きます」と言う。

「今、一行も書いていないの？」

「書いてません」

だったら、この場合大切なのは、早く企画書を書くことではない。

大切なのは、火曜日の夜にプレゼンするとき、完璧なものができていることです。

これから手をつけて夕方までに仕上げても、ロクなものができないのは目に見えています。そういう中途半端なものを今日くれるよりは、月曜日の夜までに直しの少ないものを作ってもらったほうがいい。そして僕に、火曜日の夜までに直しの時間をとってくれと言えば済むことです。

そこで僕は、金曜日の約束を破ったから、少しでも早く土曜日に提出するというのではなくて、完成度の高いものを月曜日までにくれと指示しました。

何が最善かというと、いいものを作ることです。だから締切を破ることが罪だとは、僕は必ずしも思いません。

たとえば僕は「一食入魂」というエッセイを『ｄａｎｃｙｕ』という雑誌に連載しているんですが、いつも編集者が原稿を早くくれ、早くくれと言う。

どうして早くいるのかと聞くと、色校を出さないといけないからと言う。でも僕は色校を出して誤字脱字をチェックすることよりも、原稿の内容を濃くすることのほうが優先順位は上だと思う。

あと三日待ってくれれば面白い食の会があるから、その情報を入れたいと言って、ギリギリギリまで待ってもらったこともあります。

こんなふうに、何かを発想する場面においても、プライオリティは大切なんです。

ただし、これもよくカン違いしている人がいますが、プライオリティは常に一定とは限りません。

たとえばプレゼン用の企画書を書くときは、クライアントの満足度を上げることが優先順位のナンバーワンです。なぜなら、企画が通らない限り、プロジェクトはスタートしないからです。

でもプロジェクトがスタートしたら、それが世間的に受けるかどうかを優先順位の一位にスイッチする必要があります。どんなにがっちりクライアントのニーズを満たしたところで、一般の人たちに全然受け入れられなかったら失敗です。そこはチェンジさせなければいけません。

プライオリティというのは常に入れ替わっていくものです。それをどう分析していくかも、仕事をしていくうえでの、大切な能力です。

名刺を渡しただけでは何にもならない

サラリーマンの人と接していて感じるのですが、名刺を渡しただけで、自分という人間をわかってもらったと思ってしまう人が多いように思います。

よく、「誰々の知り合いです」と共通の知人の名前を出すことによって、自分を印象づけようとする人がいますが、これも相手に対して、本人が考えているよりも弱い印象しか与えないものです。

僕は仕事でいろいろな会社へ行きます。大きなプロジェクトのときは、たくさんの人といっぺんに名刺交換します。

「あ、どうもはじめまして、○○部の××です」
「××と一緒に○○します、△△です」
「はじめまして、営業の○○です。こっちは編成の□□です」

という調子です。

そのプロジェクトのリーダー的な人のことは当然覚えようとしますし、連絡係として窓口になるという人も覚えます。でも全員のことまでは記憶に残りません。

人間は、自分の名刺を渡すと、相手は自分のことを覚えてくれて当然だと思ってしまいがちです。でも相手にしてみれば、大勢のなかの一人です。

同じ組織のほかの人間と自分を、どう差別化するか。あとからメールでフォローするのか、個性的なファッションをするのか、やり方は人それぞれでしょう。

でもどんなものでもいいので、自分のプロフィールを作っておくと、相手の記憶に引っかかりやすくなる。

去年、あるテレビ局の新入社員研修をやりました。

そうしたら似たようなリクルートスーツを着た若者たちが、「はじめまして、営業の○○です」と挨拶に来る。とても全員は覚えられません。

でもそのなかで印象に残ったのが、「トライアスロンをやっていました」というヤツです。

僕は自分でも、ミニトライアスロンにチャレンジしようと思っていました。それは一・五キロ泳いだあと、四十キロ自転車をこいで、さらに十キロ走るという競技です。

これだけでも死ぬなと思うのに、フルのトライアスロンというのは、四キロ近く泳いでから自転車で一八〇キロ走り、そしてその直後に、四十二・一九五キロ走る。こんなに大変なことをやっていたというのを聞いただけで、「お前すごいな」って思ってしまう。

こういうふうに自分のプロフィールを作っておくと、相手に自分の情報を伝えやすくなる。それは自分の名刺の中に、もう一つ目に見えない名刺を持っているようなものです。

相手の記憶に残る贈り物とは

あるいは物を使うという手もある。

いつも必ず、印象的なお土産を持ってくる人っていますよね。やり方を間違えるとちょっと姑息な手になってしまいますが、これも人生における大切な作法だと思います。

たとえばレストランにはいろいろな客が来るから、自分は常連のつもりでいても、向こうは常連だと思ってくれていないかもしれません。

だったらいかに自分を印象づけるか。

僕はあるレストランの忘年会に、ビンゴと景品を持っていってあげたことがあります。

年末の最終営業日に食事に行って、帰りに「これ、一年間幸せな気分にさせてくれたお礼です。みんなで閉店後にでもやってください」と言って、おもちゃ屋で買ったビンゴゲームと、あちこちで買い集めた景品を渡しました。

その店に次に行ったときは、お水を運んできた人が、「私、あのビンゴで野球ゲームが当たった者です」などと言ってくれるから、それで一気に関係を築けます。

だからただ贈り物をするというのではなくて、相手の記憶に残る贈り物をするというのも、人間関係を広げるための一つの手段だと思います。

一年に一つ、人生の足跡を

「料理の鉄人」というテレビ番組をやっていたころ、フレンチの初代鉄人の石鍋裕さんと話をして、印象に残った言葉があります。

石鍋さんは常に、人生の節目節目で、十年後はいかに生きるべきかを考えてきたというんです。三十代になるときに四十代の自分はどうありたいか考えたと聞いて、うわっすごいなあと思いました。

自分は、そういうことをほとんど考えたことがなかったからです。今も、将来こうなろうとかああしようとは思いませんが、毎年「何歳のときにこれをやった」という、何か残ることをやりたいとは思っています。

それは新しいプロジェクトを立ち上げるということでもいいし、英会話を完璧にマスターするというのでもいい。

そういう人生の足跡になるようなものを、できれば毎年一つずつ、作っていきたいと思っています。

去年はそれがほんとうはミニトライアスロンのはずだったんですが、ちょっと挫折してしまいました。

今、僕は四十二歳ですが、一番好きなことができる年齢じゃないかなという気がします。今まではいろいろな人にリードされて生きてきたけれど、これからは自分が上に立つことがだんだん多くなる。つまりみんなを引っ張っていくようになる年頃です。

サラリーマンにおいても同じで、そういう年代だから、自分が思ったことができる。でもそれだけに責任ものしかかるという点で、一番面白いチャレンジができる年代じゃないかと思います。

すべてのことで「自分ならこうする」

僕はいつも街を歩いていて、空地なんかがあると、「自分だったらこの土地はこう使う」と考えます。

子どものころ、不動産広告チラシが新聞に入ってくると、ここが自分の家ならここに花壇を作って、ここは玄関にして……なんて想像して楽しんだ人は多いと思います。

これは前にもお話しした「勝手にテコ入れ」です。

たとえば新しい雑誌が創刊された。読んでみたらつまらない。もしオレが代わりに編集長になれって言われたらどうしようと考えます。

それから車を運転しているとき。道路工事で道が狭くなっているところで、車を誘導する人がいますね。

その人の頭の下げ方や表情や腕の振り方一つで、ドライバーは「なにやってんだよ」と思ったり、「いいよ待ってあげるよ」と思ったりするでしょう。あれを見ていると、「自分だったらこう止めるのに」とか、そんなことまで思います。

喫茶店の椅子に座ったときも、ちょっとテーブルが低いかなとか、もうちょっと椅子の座面自体が低いほうが、ゆっくり落ち着けるんじゃないかなとか思う。

飛行機の機内サービスとか機内食もそうです。改善の余地はいくらでもある。

自分だったらこうするのにというのは、コンビニへ行っても、スーパーマーケットに行っても思います。

とにかく自分の経験するすべてのことで、「自分ならこうする」と考えてしまう。

だからどこへ行っても自分が社長のような気分で歩いているんです（笑）。

どこに行ってもライバルだらけ

それと同時に、街を歩いていて「あ、これはうまいな」と思うことがよくあります。人の仕事を見て、これは思いつかなかった。これはやられたと思う。

だから、いろいろなところにライバルがいる。

どのジャンルにおいても、自分が思いつかないことを思いついた人がライバルです。ライバルであると同時に、師匠でもある。

たとえば最近では、日本科学未来館というところで、「やられた！」という思いをしました。

日本科学未来館は、ご存じの通り、宇宙飛行士の毛利衛さんが館長を務めている施設です。このあいだ、南極の仕事をする関係で、日本科学未来館に行き、そこの売店に寄ったんです。

売店では軽食や飲み物をセルフサービスで売っていて、使い終わった食器を自分で下げるようになっています。

その返却カウンターの下に、もう一段カウンターがあって、「おこさまカウンター」って書いてある。

子どもが自分で食器を下げるとき、普通のカウンターでは背が届かないですよね。だからそのまま低い位置に返せるように、「おこさまカウンター」をつくったわけです。おこさまカウンターとはいっても、壁面の穴を、もうひとつ増やしただけです。でもその思いつきと、「おこさまカウンター」というネーミングに、「うわっ、やられた！　負けたぜ科学未来館」と思いました。

そこから発想が広がって、今は、もし僕が勝手にビルを造るんだったら、子どものためのビルを造ったらどうだろうと思っています。「日本一子どもが行ってみたいビル」です。

今、ディズニーランドやテーマパークはあっても、ビルは大人目線でしか建てていない。いくら六本木ヒルズとか東京ミッドタウンとか騒いでも、大人は行ってみたいかもしれないけれど、ヒルズに行ってみたいと思う子どもはまずいない。

だったら子どもが本当に憧れるビルというコンセプトで一棟ビルを建てたら、そこに新たなビジネスチャンスが生まれるのではないでしょうか。

そのビルには、子どもが行きたいところ全部が詰まっています。プラネタリウムの上には動物園があって、遊園地も水族館もある。こういう施設が縦長のビルに収まっていると、あっちに行ったりこっちに行ったりしなくていい。カレーもお寿司もラーメンも食べられる。操作ボタンが下のほうについている、子どもしか乗れないエレベーターもある。

バンダイとかタカラとか、子ども向けのメーカーにとっては、そこに参加することで、常にリアルな子どもたちのマーケティングができるというメリットがあります。

「おこさまカウンター」をお手本にして広がったアイデアですが、このようにワクワクするアイデアのお手本は、世の中にはたくさんあります。

こういうことに日々アンテナを張りめぐらし、なるほどと思い、やられたと思い、体の中に刷り込んでいくこと、そのプロセス全体が、アイデア体質になるトレーニングなのです。

おわりに

二〇〇六年の秋、フジテレビで「アイデアの鍵貸します」という深夜番組を始めました。各界で活躍する人気クリエイターが登場し、自分の発想術をクイズスタイルで公開するという番組です。

そのパイロット版を夏にBSフジで放送したのですが、どうしても出演してくれるクリエイターが見つからなかったため、結局、自分が出るしかありませんでした。自分で企画して、自分で出演する……あぁ、なんて恥ずかしいことだろう……と思っていたら、放送直後に僕の携帯電話が鳴りました。

「幻冬舎の見城ですけど……今、たまたま見てたよ。君が喋っていたようなことをまとめて、本にしない？」

実はこの本も、〝偶然力〟から生まれたのです。

最初の原稿がまとまったとき、僕は見城さんにこう言いました。

「大丈夫でしょうか？　これを読んだ人が本当にいいアイデアを思いつくか……心配です」

するとと見城さんは、

「発想術なんて、そんなことは問題じゃない。これを読んだ人が、少しでも仕事に楽しみを見いだしたなら、それでいいんだ」

その言葉を聞いて、少し気が楽になりました。

もし、この本を読んで、僕と一緒に何か面白いことをやりたいと思った方がいらっしゃったら、新しい会社「オレンジ・アンド・パートナーズ」までご連絡ください。設立したばかりですので、人材募集中です。もちろん、お仕事の依頼も大歓迎！　この本がきっかけとなって、新しい何かが生まれたら、それもまた偶然力のおかげだと僕は信じます。


最後に、地味なテレビ番組をきっかけに素晴らしいチャンスを与えてくださった見城徹さん、たくさんのサポートをしてくださったゲーテ編集長の舘野晴彦さん、そして日光金谷ホテルで明け方までお付き合いいただいた編集の小木田順子さんと長山清子さん、本当にありがとうございました。おいしいワインを「ＺＯＲＲＯ」でご馳走します。

あ、それから……つまらないサプライズにいつも本気で付き合ってくれる塩沢航クン、内田ぼちぼちクン、松本パン子さんにも大感謝！　君たちには、「司亭」の新メニュー「考えないヒント弁当」をご馳走します。

二〇〇六年十月

小山薫堂

＊オレンジ・アンド・パートナーズならびにN35の詳しい活動内容は、左記サイトをご参照ください。
http://www.orange-p.co.jp
http://www.n35.co.jp

幻冬舎新書 7

考えないヒント
アイデアはこうして生まれる

二〇〇六年十一月三十日 第一刷発行
二〇一三年 七 月二十日 第八刷発行

著者 小山薫堂
発行人 見城 徹
編集人 志儀保博
発行所 株式会社 幻冬舎
〒一五一-〇〇五一 東京都渋谷区千駄ヶ谷四-九-七
電話 〇三-五四一一-六二一一(編集)
〇三-五四一一-六二二二(営業)
振替 〇〇一二〇-八-七六七六四三
ブックデザイン 鈴木成一デザイン室
印刷・製本所 中央精版印刷株式会社

Printed in Japan ISBN4-344-98006-9 C0295
こ-2-1
幻冬舎ホームページアドレスhttp://www.gentosha.co.jp/
*この本に関するご意見・ご感想をメールでお寄せいただく場合は、comment@gentosha.co.jpまで。